중국은
왜
강한가?

대학을 통해서 본 국가의 작동원리에 관한 연구

중국은 왜 강한가?

초판 1쇄 발행 2021년 6월 4일
초판 2쇄 발행 2021년 9월 10일

기 획 차이나랩
지은이 이국봉
발행인 이세경
편 집 이현선
발행처 책마루
주 소 서울 금천구 벚꽃로 18길 36(독산동 1002) 진도1차 806호
전 화 02-445-9513
팩 스 070-7610-2728
이메일 book@bookmaru.org
웹 www.bookmaru.org
트위터 @bookmaru9513
디자인 캠프커뮤니케이션즈

ISBN 978-89-98553-16-6 93300

• 잘못된 책은 구입한 서점에서 바꿔 드립니다.
• 이 책에 실린 모든 내용, 디자인, 편집 구성의 저작권은 책마루와 저자에게 있습니다. 허락 없이 복제하거나 다른 매체에 옮겨 실을 수 없습니다.

중국은 왜 강한가?

대학을 통해서 본
국가의 작동원리에 관한 연구

소중한 중국의 친구 동료들과

내 마음 속 영원한 안식처며 등불이신

부모님께 바칩니다.

들어가며

국가 재건을 위한 탐색[*]

"아편전쟁 후 몰락했던 중국은 어떻게 강국을 재건할 수 있었나?"

중국에서 근대의 시작을 '아편전쟁'으로 보는 데에는 그 이유가 있다. 서구와는 달리 동아시아의 근대화 과정에서는 역설적으로 근

---

[*] 〈차이나랩〉과 연락하게 된 계기가 된 〈역사적 맥락에서 본 중국의 '반부패' 문제〉.
참고로, 〈역사적 맥락에서 본 중국의 '반부패' 문제〉는 2018년 12월 11일에 작성한 글로 〈차이나랩〉에 소개되어 발표된 문장은 아니지만, 〈차이나랩〉과 인연을 맺고 연락을 시작하게 된 결정적 계기가 된 글로, 이 작품의 특성을 고려해 특별히 서문으로 소개한다. 또한 이 글은 한국행정연구원 김윤권 박사님(연구책임자)께서 대외경제연구원 중국 과제보고서 형태에 맞게 수정, 보완 및 첨가의 편집을 통해서 '8장 제2절 1.역사적 맥락에서의 당과 반부패의 함의'파트에 수록됐다(《경제·문사회연구회 중국종합연구 협동연구 총서》 18-67-04: 김윤권 외, 〈중국 반부패의 제도와 정책에 관한 연구〉, 대외경제정책연구원, 2018, p544-550). 이와 관련한 보충 설명은 이 글의 '감사의 말씀'을 참조).

대화의 핵심적 가치인 '자유'와 '평등'이 전혀 자유롭지 못하고, 평등하지 못한 억압적 상황이었다. 그런 상황에서 먼저 개개인의 인격적 독립성을 전제로 말하기 이전에, 그 구성원들의 공동체로서 국가의 독립을 담보할 자주권(自主权)이 속절없이 무너지면서 발생했기 때문이다.

　중국은 전통적 봉건통치에서 민본(民本)을 주장한다. 그것은 본래 "足食(족식), 足兵(족병), 民信矣(민신의)"이다. 한 마디로 말하면, 나라가 백성들에게 먹을 것을 보장해주고, 그 자산을 외부의 적으로부터 보호해줄 수 있는 군사력을 유지할 수만 있다면 백성들은 군주에게 신뢰를 보낸다. 이것이 "政者(정자), 正也(정야)" 즉, 정치의 정도였고, 인정(仁政)의 출발점이었다. 따라서 군주의 나라가 비록 현재는 영토의 크기와 백성의 수가 얼마 되지 않을지언정 진정으로 인정을 펼칠 수만 있다면, 그 소식을 전해들은 이웃나라의 백성들이 그를 자신의 군주로 섬기기 위해 모여들 것이다. 그러면 인정을 펴는 군주의 나라는 백성들의 수가 자연히 급격히 증가하여, 그들이 논과 밭을 개간하여 정부에 내는 세금으로 나라 곳간은 풍족해질 뿐만 아니라, 농번기가 끝나면 그들을 사병으로 훈련을 시켜 전시에 군사력으로도 활용할 수가 있을 테니 국력(国力)이 증가하는 것은 손바닥을 뒤집는 일처럼 쉬운 일이 된다. 나라가 이처럼 부국강병(富国强兵)의 길을 걷는 데 그 나라의 백성 가운데 그 누가 자신의 임금을 어버이처럼 섬

기지 않고, 또 충(忠)을 몸소 실천하지 않겠는가!

　루쉰(魯迅)은 그의 처녀작《광인일기(狂人日记)》에서, '미친 놈(狂人)'의 관점에서 이제까지의 중국의 역사서를 펼쳐보며, 그것을 바르게 펴서 봐도 비스듬히 해서 보아도 자신의 눈에는 오직 '인의도덕(仁义道德)' 네 글자만이 선명하게 보인다는 말을 한다. 그것이 '사람을 잡아먹었다'는 의미를 뜻하는 '吃人(흘인)'을 언급하면서 말이다. 그런데 아편전쟁 후 불평등한 〈남경조약(南京条约)〉을 통해서 상하이를 비롯한 5개의 항구를 개항했을 때, 초기에 많은 중국인은 그 자체로 분노하지 않을 수 없었다. 심지어 지금 영국 조계지인 와이탄 주변의 공원에는 '개와 중국인은 들어오는 것을 금지한다'는 팻말이 있을 정도로, 자연스럽게 서구인에 대하여 중국인은 그들의 우월의식과 차별의식에 치를 떨 수밖에 없었다. 그럼에도 불구하고 '洋(양)'은 과거에 그들이 알던 주변 이웃인 '狄(적)', '蠻(만)', '夷(이)', '戎(융)'과는 다른 '類(류)'라는 것을 인정하지 않을 수 없었다. 그것은 그들이 행한 불평등하고 억압적인 침략으로 자신들의 영토를 빼앗았다는 것을 그저 인정하고 용인했기 때문이 아니다. '어디까지나 그것은 그것'이고 서구의 선진적인 과학기술의 힘을, 와이탄의 면모가 하루가 다르게 변화하고 발전하는 것을 눈으로 몸으로 보고 느끼면서 인정하지 않을 수 없었기 때문이다. 예를 들어, 전통적인 도시지만 과거에는 최고로 번성했던 상하이의 현성(县城)은 비가 오기만 하면 아직도 길이 물에 잠겨 걸어 다니기가 질퍽질퍽하여 불편했다. 하지만 하루가 달라지는 와이탄은 이미 차도(车道)와 인도(人道)를 나누는 구분이 생겼고, 우물에서 물을 퍼 올리는 것이 아니라 수도꼭지를 틀어 물을 마시고, 호롱불이 아닌 전등을 켜고 생활을 했던 것이다.

분명 치욕적이었지만 놀라지 않을 수 없었다. 중국 사람들은 다시 묻지 않을 수 없었다. '사람을 잡아먹는다'는 '吃人'의 첫째 의미는 의심의 여지없이 서구인들의 중국침략으로 규정힐 수 있지만, 그들의 발달한 과학기술의 역량을 몸소 확인하면서부터는 화살을 내부로 돌려 반성하며 자신들을 성찰하며 비판하지 않을 수 없었다. '반구저기(反求诸己: 도대체 무엇이 중국을 이토록 발전도 없이 낙후하게 만들었는가?)'에 대한 결론은, '행'이 뒷받침되지 않는 명분적 의미에 가까운 '인의도덕'이라는 봉건통치 속에서의 인륜적 규범이 인간 개개인의 재능을 자유롭게 발휘할 수 없게 만드는 큰 제약과 구속에 다름 아닌 것이었다는 사실에 눈을 뜨게 되었다. 그런 의미에서 과거에 가장 도덕적 의미였던, 그토록 떠받들었던 '인의도덕'이 이제는 그 무엇보다 '사람을 잡아먹는' 파렴치한 '吃人'의 2차적인 의미를 갖게 되었다.

루쉰(鲁迅)은 생각한다. 사회의 질적인 도약과 발전을 수반하지 못한 채 단순히 수천 년 동안 양적의 변화로만 지속되어 온 '一治一亂(일치일난)'의 역사는 마치 단지 해가 지면 달이 뜨고, 봄이 가면 여름이 오고, 여름이 가면 가을이 오는 식의 자연의 양적인 단순한 변화 그 이상도 이하도 아닌 그저 평범한 일상인 것이라고 말이다. 만약 진정으로 생활의 '질적인 변화'를 수반하는 것이라면 비록 그것인 제한된 공간일지언정 자연의 환경적 제약을 최소한이라도 어느 정도 극복하거나 커버할 수 있는 '과학적 힘'을 발휘해야 했기 때문이다. 그렇기 때문에 이런 열악한 환경을 제공한 원인이 일차적으로는 외부로부터 기인한 제국주의가 맞지만, 동시에 또한 반문하지 않을 수 없다. 내부적으로 돌아보면서, "이 정도가 될 때까지 우리는 도대체 무엇을 했단 말인가?"라는 이런 처절한 자기반성으로부터 비롯한 '봉건통치'에 대한 심각한 자아비판과 의구심의 끝에 얻는 결론은 과거의 통치방식이 도덕적으로 '위선'이었고, '부패'했다는 것을 빼고 나면 달리 설명할 방도가 없는 지경에 이른다.

'玩(완)'이란 글자가 떠오른다. 좌변에 '왕'이 우변에 으뜸 '원'의 글자가 합성된 것인데, 뜻은 "왕이 으뜸으로 잘하는 것이 곧 노는 것이 아닌가?"라고 해석할 수 있다. 다시 말해, 과거 "중국의 역사는 누가누가 왕이 될까?", 그 왕 놀이의 재미에 푹 빠져서 세상의 돌아가는 이치와 국가의 질적 발전에는 전혀 눈을 뜨지 못했던 것 아닌가!

바로 이런 관점에서 근대의 중국에서 새롭게 의미를 부여하고 재해석하기 시작한 것을 우리에게 익숙한 두 글자에서 찾을 수 있는데, 그 하나가 '兵(병)'이며, 또 하나가 '黨(당)'이다. 전통 봉건시대에서 바른 정치의 방도는 "足食, 足兵, 民信矣"의 순서로 가는 것이 불변의 정도인 승리의 방정식이었는데, 아편전쟁 이후 이 방정식은 여지없이 무너지고, 이제는 "足兵, 足食, 民信矣"의 순서로 바뀌고 만다. 무슨 뜻인가? 무엇보다 영토를 지킬 수 있는 군사력이 최고로 중요하게 된다. 그래서 전통사회에서는 일반적으로 국가의 목표는 '부국강병'이라고 했다면, 근대 중국의 목표는 그 순서를 달리해서 '强軍富國(강군부국)'이 목표가 된다.

둘째, 《논어》에서 알 수 있듯이, 정치를 하는 데에 있어서 '黨' 즉, '무리를 지어서 당파를 만들면 안 된다'고 비판을 하지만, 근대 중국의 상황에서는 선진적 역량을 조금도 갖추지 못하는 상황에서 그나마도 얻는 힘이라도 '티끌 모아 태산' 하려면 달리 방법이 있는가? 없다. 모든 수단과 방법을 다 끌어 모아, 즉 사람들을 모으고, 동원해야한다. 무리를 지어 '黨'을 결성하지 않으면 안 된다.

셋째, 《대학》의 팔조목에 나오는 이제는 과거의 "수신·제가·치국·평천하"의 논리에서, 사실 그것도 일반적으로는 그 각 단계를 순차적으로 이해하여 '수신(修身)'을 하고, 그 다음 '제가(齊家)'를 한 후에, '치국(治国)'을 하면 '평천하(平天下)'를 할 수 있다고 보지만, 사실 이러한 해석은 잘못된 것이다. 엄밀하게 보면, 이런 사고의 논리전개방식 자체가 중국적 사고에 맞지 않는 것이다. 본래 중국의 전통적 사유의 방식은 그와 달리 '거꾸로'의 순서로 진행한다. 마치, 춘추전국시대에 얼마나 많은 전쟁이 난무했기에 '戰國(전국)'시대라는 말을 시대의 대명사로 명명했겠는가? 즉, 당시 그들의 공통된 관심사는 오직 하나였다. 바로 '평천하'. 그래서 거꾸로 '평천하'를 하기 위해선 무엇이 필요한가? 바로 그 전제가 나라 간에 전쟁을 치르지 않고, 태평성대한 '치국'이며, 그 치국의 전제가 바로 '제가' 즉 그 군주의 가문의 평화로서 가정의 화목이며, 그 제가의 전제가 바로 '수신'인 것이다. 따라서 여기서 말하는 수신의 주체는 결코 일반 백성인 평민들을 대상으로 해서 하는 말이 아니라, 군주를 지칭하는 개념인 것이다.

따라서 그의 '가(家)'가 곧 '국(国)'이 되는 '나라(國家)'를 의미한다. 여기에서 근대적 가치와 근본적 충돌이 벌어지는 지점이 발생한다. 사실상 '公(공)'과 '私(사)'의 영역이 원천적으로 구분되지 않는다.

근대 중국으로 들어오면서 중국은 달라지지 않으면 안 되었다. 과거의 폐해를 답습하지 않기 위한 나름의 방법은, 수신·제가·치국·평천하의 논리에서 '제가'와 '치국' 사이에 '黨(당)'이 들어가는 것이다. 그래서 당의 중요한 역할은 '사적인 영역'과 '공적인 영역'의 경계선에 서 있는 것이다. 전통시대에 군주가 힘이 없고 무능하면 군주의 도덕성을 탓하거나 혹은 군주가 또 다른 힘 있는 세력에 의해서 제거되거나, 교체되는 방식으로 전개되었다면, 이제 근대 중국에서는 그 주체가 어느 일개의 혈연적 세습을 통해 계승되는 방식이 아니라, '당'이 주체가 된다. 그 당이 갖춰야 할 최소한의 자격으로서 '순결한

도덕성(반부패)'과 '유능한 선진성'은 '당'이 일반 국민을 영도할 수 있는 최소한의 필수적 역량이다. 따라서 '당'이 곧 중국의 당면문제를 해결해야 할 주체이면서 동시에 인민 군중들을 이끌어야 할 역사적 사명감을 가진 주체로 새롭게 역사의 무대에 등장한다. 동시에 그들이 공과 사적 영역의 경계선에 서 있기 때문에 그들이 '부패'하지 않는 것은 그들에게 인민이 권력을 부여할 수 있는 명분이자 합리적 근거가 된다. '당'을 엄격하게 관리해야 하고, 당원에 대한 기율의 강화를 통해서, 당의 '순결한 도덕성'을 지속적으로 확보하는 것은 그래서 중국에서 '당'이 내세우는 그 어떤 과제보다도 항상 우선할 수밖에 없는 것이다. 당이 존재하는 한 마치 그림자와 마찬가지로 '영원한 진행형'으로 따라다니며 그 뒤를 비춰주는 거울과 같은 것이다.

'반부패'는 그래서, 중국에서 '당 자신'의 문제 그 자체이다. 동시에 '생사존망'과 직결되는 문제이며, 당 건설의 영원한 핵심과제이다.

일러두기

1 중국어는 우리에게 외국어이면서 동시에, 우리말에 한자를 사용하는 경우가 많아 상대적으로 다른 외국어에 비하여 익숙한 언어로 느껴진다. 하지만 이와 같은 이유 때문에 외국어로서 중국어의 본뜻을 잘 이해하는 데에 장애가 되고, 우리식으로 중국어를 독해하여 더 큰 오해를 낳는 경우도 적지 않다. 따라서 가능하면 과거와 현대를 구분하는 역사 기준점으로 신해혁명 이전의 출판물이나 인명, 지명은 우리의 한자음을 기본으로 하되, 가령 孔子는 '콩즈'로 하지 않고, '공자'로 표기하는 것 등을 포함하여, 이미 우리의 일상생활에서 너무나 보편화된 관용적 표현들은 굳이 현대 중국어 발음으로 달리 표기하지 않는다. 한자를 병기하는 경우에도, 신중국 건국 후 1956년부터 최초로 '번체자'가 아닌 '간체자'로 바뀌기 시작했다는 점을 감안하여, 현재의 인명, 지명, 출판물 등은 간체자 표기를 기본 원칙으로 한다는 점을 밝힌다. 이와 같이, 첫째, 중국 현지에서 쓰는 발음과 뜻을 최대한 정확하게 잘 전달한다는 원칙을 세우되, 둘째, 그런 기초 위에서 우리 독자가 가장 잘 이해할 수 있는 방식으로 전달할 수 있도록 노력했다. 즉, 중국어 표기는 병음을 원칙으로 하되, '북경대'를 '베이징대'와 같이 표기해도 우리에게 익히 잘 알려진 학교 등의 '고유명사'는 큰 문제가 없으나, 생소한 경우인 '중국과학기술대학'처럼 병음으로 표기할 경우에는 '중궈커쉐지슈다쉐' 등 전혀 알아들을 수 없는 낯선 언어로 받아들여지기 때문에, 이런 경우는 한자음으로 표기하거나, 특별히 뜻을 더 분명히 해야 할 경우에는 한자를 함께 표기하여 독자의 이해를 최대한 돕는 방향으로 작성을 했다. 이런 점들을 고려하면서 동시에 중국어/한자 발음의 표기를 최대한 일관성 있게 하려고 했으나 그럼에도 그러하지 못한 경우에는 부득이하게 독자의 가장 쉽고 빠른 이해를 돕기 위한 방편으로 표기됐다는 점을 이해해주시길 부탁드린다.

2 글은 〈차이나랩〉에 이미 발표한 34편의 문장 가운데 16편을 선별하여 하나의 책으로 엮은 것이다. 그 글들을 식별해야 할 필요성이 있어서 발표된 순서대로 가령 첫 번째 발표된 문장은 'N1'으로 표기하였다. 그리고 기존에 〈차이나랩〉에 발표된 원문은 최대한 그대로 실었으나, 앞선 글과 상호 중복되는 내용의 경우에는 가령, 4장의 '국방과 외교'·'성과의 존중'·'기록물 관리' 경우에선 일부 삭제하였고, 또한 저작권 문제 등을 고려하여 사진과 그림 등은 일괄적으로 삭제하여 오히려 글 자체의 논지에 주목할 수 있도록 하였

다. 단, 사진과 그림 등의 삭제로 인해 비문이 발생한 경우 원문의 글 앞뒤 문맥을 매끄럽게 하려고 수정 작업이 진행됐다는 점을 밝힌다. 하지만 사진과 그림 등을 수록하여 발표한 〈차이나랩〉 원문과 대조하고 싶을 때를 위하여, 이 글에서는 또한 원문(링크)를 제공함으로써 확인할 수 있게 하였다.

3 〈보충 설명과 참고문헌〉에서는 〈차이나랩〉에 발표된 문장에는 노출되지 않았던 관련 참고문헌과 그 글을 기획하여 쓰게 된 아이디어와 주요 포인트를 출처와 함께 보완하여 제공함으로써, 독자의 심층적인 이해를 돕고자 노력하였다.

4 글의 3장 '이과_국가의 전략적 과학기술' 부분은 서울대아시아연구소 방문학자 시기에 '특별강연'한 강연원고이다. 이 원고는 최초로 〈차이나랩〉에 발표된 필자의 문장을 종합적으로 분석하고 정리한 것을 토대로 한 원고라는 점에서 특별한 의미가 있다. 참고로 독자가 이 책을 읽고 종합적인 이해를 돕기 위해 이 강연원고를 다시 읽어 본다면, 국가의 발전전략이 대학의 이공계 분야의 인재를 육성하는 정책과 관련하여 어떻게 연계되는지, 이 글의 전체적인 논지를 이해하는 데에도 도움 받을 수 있다.

5 들어가며 – '국가 재건을 위한 탐색: 〈역사적 맥락에서 본 중국의 '반부패' 문제〉'는 이 작품에서 프롤로그적 성격을 갖는데, 애초에 어떤 계기와 방식으로 〈차이나랩〉과 연결될 수 있었나를 밝히고, 그것이 곧 '반부패'와 같은 공정한 사회의 문제가 중국에서는 역사적으로 왜 문제가 됐고, 중국이 다시 재건을 하는데 어떤 의미를 가지며, 근본적으로 중국은 왜 강한가라는 주제 설정에 있어서 '빅픽쳐'로서 아이디어를 제공한 바가 크다고 판단하여, 이 글에서 2018년 12월 11월에 처음 작성된, 수정 보완 및 첨가의 작업을 거치지 않은 최초의 오리지널 원문을 특별히 소개한다.

1

제국의 위치에서 바닥까지 몰락 후, 다시
재기하여 우뚝 솟는 것이야말로 강(强)한
것이다!

중국은
'강(强)'하다

한국이 각별한 충칭*

1919년 4월 상하이를 시작으로, 중국에 대한민국임시정부수립 100
주년을 맞는 2019년, 충칭(重庆)은 우리에게 각별한 의미가 있다. 바
로 이곳에서 우리나라는 1945년 조국의 광복을 맞이한다.

하지만 막상 충칭에 가보니 다른 생각이 들었다. 우리 임시정부의
최종 정착지인 충칭이 아니라, 충칭에 녹아 있는 대한민국임시정부
의 의미를 통해서 우리는 중국의 어떤 모습을 떠올릴 수 있을까?

충칭은 대략 3,000만 명의 인구가, 흡사 홍콩을 연상할 정도로 매
우 밀집된 중국의 4대 직할시 가운데 하나다. 흔히 충칭시는, '지아링

---

* 〈차이나랩〉 - N6 '맵고, 뜨겁고, 화려한 충칭' 한국이 각별한 이유 (2019.3.19. 14:44)

강(嘉陵江)'과 '장강(長江)'이 합류하는 '차오텐먼(朝天门:하늘을 향하는 문)'을 기점으로, 인구 약66만 명의 충칭시 정부(重庆市政府)가 위치한 '위중구(渝中区)'를 가리킨다. 위중구는 충칭시의 중심지로, 반도(半岛) 모양을 가지고 있기에 '위중반도(위중구+반도)'라고도 한다.

충칭시는 '차오텐먼'을 기준으로 깎아지른 산에 건설한 도시로, 산에 지은 성인 '산성(山城)'이기 때문에 여느 다른 도시들과 달리 입체적이다. "뭐 이런 도시가 다 있어?"라고 할 정도로 경사가 있는 산비탈에 도로를 내고, 초고층 건물이 즐비하다. 정작 중국에서 제일이라는 오토바이와 자동차 산업이 발전했음에도, 오토바이 운행이 어렵다. 대신 바퀴가 셋인 '삼륜차'를 곳곳에서 발견할 수 있다.

사정이 이렇다보니 일반적인 대도시와 달리 도시생활의 '리듬'과 '속도'가 느긋하고, 주민들도 그에 영향을 받는다. 큰 나무를 그늘 삼아 그 아래에서 '마작(麻将)'을 하거나, 춤을 추거나 여유롭게 쉬는 사람이 쉽게 눈에 띈다. 충칭시 주변의 농촌에서 많은 인력이 유입되니, 물가도 높지 않다. 충칭시의 택시 기본요금은 10위안(약 1,680원)으로 매우 저렴하다. 이런 분위기 때문인지 도시 사람들의 팍팍한 모습과 달리 충칭 사람들의 행복감은 높은 편이다.

충칭은 '아열대성 습윤기후'에 속해, 중국의 원조 음식으로 '훠궈(火锅)'가 유명하다. 특히 '마라(麻辣)'의 얼떨떨한 매운 맛은 진정한 화(火)의 맛을 느끼게 해준다. 그저 잠깐만 눈을 돌리면 온통 주변에 훠궈 음식점이 보일 정도로 충칭은 훠궈의 천국이라고 말할 수 있다.

서로 다른 두 종류의 물(水) 즉, '지아링강(嘉陵江)'과 '장강(长江)'이 이곳에서 합류하는데, 한 여름에 뿜어내는 산성(山城)의 뜨거운 화(火)의 기운을 보면 마치 '물 위의 불의 맛', 훠궈를 형상화하고 있는 것은 아닐까 하는 생각이 든다.

이 '뜨거운 불의 맛'은 불야성(不夜城)의 밤이면, 산자락에 빼곡히 즐비한 옛 건물들의 '황금색' 불빛으로 화려하며 고혹적으로 '홍야동(洪崖洞)' 전체를 화려하게 수놓는다. 가히 낭만의 물결이 넘실대는 도시다.

충칭의 이런 '맵고, 뜨거우며, 화려하기'까지 한 '맛'의 비밀은 우연인지 아니면 역사의 필연인지 대한민국임시정부 안에서 힌트를 찾을 수 있다.

일본군은 1938년부터 1944년까지 약 6년 10개월 동안 충칭에 대한 무차별 폭격을 가한다. 폐허가 된 충칭 시가지 한 건물 담벼락에는, '폭격할수록 더 강해진다(越炸越强)'는 문구가 대문짝만 하게 쓰여 있다.

어떠한 외부의 '고(苦)'통에도 결코 자신을 굴복시키지 않고, 오히려 더 큰 '고(苦)'를 통해서 현재의 아픔을 극복하고 당당히 맞서 미래로 나아가고자 하는 '불굴의 정신'과 그 역경의 고된 과정의 길에 함께 동행하는 친구가 있다면 그 친구가 또 얼마나 고맙겠는가! 충칭은 100년이 지난 지금도 고난을 함께한 친구인 우리를 잊지 않고, 기념하며, 존경하고 있다.

걸어 내려오는데, 충칭시 정부(重庆市政府) 담벼락을 거침없이 뚫고 있는 '슈껀(树根: 나무뿌리)'이 눈에 띈다. 땅에 깊이 뿌리를 박고 있으면서 사방으로 뻗어나가는 '슈껀', 이것이야말로 대한민국 임시정부를 통해서 볼 수 있었던 폭격할수록 더 강해진다는 뜻인 '越炸越强'의 '강'이었다. 또한 충칭에 녹아 있는 오늘날의 중국이 우뚝 솟는 굴기를 강력하게 지탱하는 탄탄한 바탕으로서 '강(强)인한 생명력(生命力)'이었다.

2

'국(國)'의 입장에서 천하의 '중(中)'앙에
우뚝 솟을 수 있는 방법을 설계한다!

딩청셔지

무엇이 잘못됐고,
어떻게 재건할 수
있는가?

중국 성장의 비결(Top level Design)[*]

개혁개방 40년, 중국의 성장은 무서울 정도였다. 빠르고, 거대했다. 세계은행 통계에서 아래 부분에 머물렀던 경제 규모는 두 번째로 올라와 있다. 어떻게 가능했을까?

딩청셔지(顶层设计)

필자는 이 한 마디에 답이 있다고 본다. '딩청(顶层)'은 말 그대로 최고 높은 산꼭대기를 말한다. 국면을 위에서 바라보고 문제 해결을 위

---

[*] 〈차이나랩〉 - N1 중국 성장의 비결, Top level Design

한 '설계(设计)'를 했다는 뜻이다. 영어로는 'Top Level Design'이다.

　이 말은 중국의 12·5계획(2011년~2015년) 문건에 처음으로 등장한 말이다. 탑 레벨의 차원에서 금융, 조세, 복지 등 여러 분야 국가 개혁 정책의 문제점을 찾고, 각 부분 간 얽힌 모순을 풀어야 한다는 게 골자였다. 세부적인 것에 매달리지 말고 전체 국면을 바라봐야 문제 해결책이 보인다는 의미를 담고 있다.

　그렇다면 딩청셔지가 어떻게 중국 발전의 동력이 되었을까? 일단 중국인 의식의 출발섬인 고전에서 답을 찾아보자. 장자의 저작으로 꼽히는 《莊子》의 〈산본(山木)〉편에는 '조릉(雕陵)의 공원'에서 체험한 일화가 있다.

　공원을 거닐던 장자는 이상한 까치를 발견하고 그를 쏘려 겨냥한다. 까치는 그것도 모르고 사마귀를 노리고 있고, 그 사마귀는 자신이 까치의 밥이 될 줄도 모르고 매미를 노리며, 그 매미는 아랑곳없이 나무그늘의 시원함에 취해 낮잠을 잔다. 하지만, 장자를 더욱 '쇼킹'하게 만든 것은 정작 그 모습을 모두 지켜본 '공원 관리자'가 허락 없이 공원에 무단으로 침입한 그를 잡으러 뛰어오고 있다는 사실이다. 사물들의 복잡한 이해 '관계'로 얽힌 '약육강식'의 그물망이라는 '판' 속에서, 장자도 결코 예외일 수 없었다.

　'딩청셔지(顶层设计)'란 그런 것이다. 장자를 잡으러 오는 '공원 관리자'까지도 위에서 모두 내려다 볼 수 있는 'Top Level' 수준의 전략적 디자인이다. 직간접적인 이해(利害)관계를 위에서 아래를 조망하며 모두를 아우를 수 있어야 한다.

전략을 수행하는 과정에서 약점은 최대한 숨기면서도 내가 가진 '힘의 상대적 우위'는 극대화해야 한다. 이를 통해 상대와의 대결구도에서 최종적인 승리를 확보하는 게 딩청셔지의 관건이다.

중국의 역사 현장에 적용할 때, 유비가 '삼고초려'를 통해서 제갈량과 '융중(隆中)'에서 처음 나눈 대화의 장면이 '딩청셔지(顶层设计)'를 가장 드라마틱하게 보여준다. 제갈량은 지도를 자신 있게 펼치며 유비에게 말한다.

이것은 서천(西川) 54주(州)의 그림입니다. 장군(유비)이 패업을 이루고자 하시면, 북쪽은 조조가 '천시(天時)'를, 남쪽은 손권이 '지리(地理)'를 점하고 있고, 장군은 '인화(人和)'를 점하면 됩니다. 형주를 먼저 취하시고, 후에 서천을 취하여 건업의 기틀을 마련하여 '정족지세(鼎足之勢)'를 이룬 후에, 중원으로 나가시면 됩니다.

이것이 그 유명한 천하삼분(天下三分)의 지략이다. 난마같이 얽힌 현안을 꼭대기 위에서 한 눈에 관조하고, 문제 해결을 제시한다.

현대 중국에도 딩청셔지는 늘 있었다. 신중국을 건국한 마오쩌둥은 1974년 2월 22일, 잠비아 대통령 카운다(Kaunda)를 만나서 다음과 같이 말한다.

> 내가 볼 때, 미국, 소련은 제1세계이다. 중간에, 일본, 유럽, 호주, 캐나다는 제2세계이다. 우리들은 제3세계이다.… 미국, 소련은 원자탄이 많고, 또 비교적 부유하다. 제2세계, 유럽, 일본, 호주, 캐나다는 원자탄은 많지 않고, 또 많이 부유하지도 않다. 하지만 제3세계에 비하면 부자다.…아시아는 일본을 제외하곤 모두 제3세계이며, 라틴아메리카 또한 제3세계이다.

1974년 4월 10일, 신중국 제2세대 지도자 덩샤오핑은 유엔총회 특별세션에서 발언한다.

> 국제관계의 변화로 보면, 현존하는 세계에는 상호 연관되고 또 상호 모순적인 세 가지 측면의 세계가 존재한다. 미국, 소련은 제1세계, 아시아, 아프리카, 라틴아메리카 및 기타 지역의 개도국은 제3세계이다. 이 둘 사이에 낀 선진국은 제2세계이다.

제5세대 중국 최고지도자 시진핑이 추진하고 있는 '일대일로(一帶一路)'에서도 덩청셔지를 읽을 수 있다. 중국은 현재 미국의 포위를 걱정한다. 미국이 일본, 한국, 대만, 동남아, 인도 등에 이르는 동남부 지역을 에워싸고 있다고 본다. 그 포위망을 어떻게 뚫고 나갈 것인가? 그들의 선택은 다소 허술해보일지 모르지만 육로로는 유럽까지, 그리고 중앙아시아 남중국해-인도양을 잇는 바다이다. 그게 바로 일대일로이다. 전체적인 차원에서 문제를 바라보고, 단숨에 문제 해결의 솔루션을 제시하고 있다.

3

대학(大學)은 국가전략을 각 지역적
기반에서 실현하기 '인재 네트워크'의
사회적 핵심 연결고리다!

대학의 작용

단순한 진학이
목표가 아니다

중국의 특색, 당교[*]

'모든 길은 로마로 통한다'고 흔히 말하지만, 중국에서 모든 길은 '당 (党)'으로 통한다. 물론 학교도 예외는 아니다. 이를 '당교(党校)'라고 한다. 이는 중국의 '특색(特色)'이 가미된 학교이다. 어째서 그런가?

일반적으로 학생들이 관심 있는 것은 대학 졸업 후의 좋은 직장 에 들어가는 것이다. 그래서 대학에 입학하기 전부터 명문대학의 인 기 전공에 대하여 관심을 가지고 살펴본다. 최근 중국에서 가장 '핫' 한 전공 가운데 하나는 AI(인공지능, 人工智能)이다. 중국의 하이테크

---

[*] 〈차이나랩〉 - N17 중국 공산당원이 기를 쓰고 당교에 입학하려는 이유 (2019.8.22. 10:35)

및 인터넷 기업은 이 분야에 대한 전문적인 인재들을 필요로 한다. 2019년 이 전공에 관한 중국 대학의 순위는 칭화대(1위), 베이징대(2위), 절강대(3위), 상해교통대(4위), 난징대(5위), 푸단대(6위), 하얼빈공업대(7위), 중국과학기술대(8위), 동난대(10위)다.

어디 그뿐인가? 이제 대학들은 적극적으로 기업들과 직접적인 관계강화를 위한 교류협력을 진행한다. 미중 무역전쟁의 효과(?)로 중국의 국민기업으로 등극한 '화웨이(华为)'기업이 대표적인 예다. 근래에 이 기업과 전략적 협력을 강화하기 위하여 MOU를 체결한 중국 대학만 따져도 10개가 넘는다. 화중과기대, 중국해양대, 충칭대(런정페이 화웨이 CEO가 졸업한 대학), 충칭우전대, 베이징우전대, 칭화대, 허베이공업대, 동베이대, 우한대, 텐진공업대, 허페이공업대, 상해교통대 등이다.

상황이 이렇다 보니, 중국 사회에서는 이런 우스갯소리도 흘러나온다. '학력(學歷)'을 마치 한 장의 기차표에 비유한다면 박사는 '침대차(軟臥)', 석사는 '푹신한 좌석(軟座)', 학사는 '일반석(硬座)', 전문대는 '입석(站票)'이다. 각자가 자기인생의 목적지를 향해 달려간다고 할 때, 박사는 '침대차'에서 누워서 갈 수 있고, 석사는 '푹신한 좌석'에 앉아서, 일반 4년제 대학의 학사는 '딱딱한 일반석'에 앉아서, 전문대는 '서서 가야'만 한다는 것을 비유한다.

이처럼 중국에서 '학력(學歷)'은 어떤 의미에서, '학교'를 통해서 구축할 수 있는 '인맥 네트워크'인 '꽌시(關系)'의 확장을 뜻한다. 중국에서 학력(學歷)이 곧 '학력(學力)'이다. 학력이 '학교 파워'로 통할 수 있는 이유다. 이는 비슷한 자격과 조건을 가진 '당원(黨員)' 사이에서 더욱 두드러진 형태로 드러난다. 그 결과, 중국에서는 대학 입시만큼 '카오옌(考研: 대학원 입학시험)'의 경쟁률과 중요도가 상당히 높다.

학력(學歷)은 곧 '학력(學力)'인 상황에서, 학교지만, 특수한 중국 공산당 간부의 싱크탱크 '당교'가 있다.

'당교(黨校)'도 물론 학교다. 하지만, 위에서 언급한 대학과는 성격이 근본적으로 좀 다르다. '당교(黨校)'는 당원과 당원간부(및 공무원)를 전문적으로 양성하고 교육하는 학교를 통칭한다.

임무는 당원 및 당원간부(및 공무원)에게 체계적인 프로그램을 제공하여 자기 업무의 행정적 문제해결 능력을 향상시키고, 정치사상의 관념과 과학 문화수준을 제고하여, '당성(党性)'을 강화해, 당원과 당간부가 대중 앞에서 모범적 작용을 발휘할 수 있도록 한다.

당교는 베이징에 있는 '중앙당교(中央黨校)'를 정점으로, 중국 전역의 각 지방에, 그 지역을 대표하는 당교를 둔다. 상하이시의 경우에, '상하이시위원회당교(上海市委黨校)'가 있다. 참고로 중국의 대표적 정치지도자 장쩌민 주석과 주룽지 총리는 '상하이시위원회당교'의 교장(우리 직제로는 총장)을 역임한 바 있다.

이곳에서 상하이시의 당원간부 및 공무원들의 교육을 집중적으로 담당한다. 단, 상하이시의 경우는, 중국의 경제를 선도하는 우수한 국제도시이기 때문에 타 지역 정부 공무원들이 상하이시당교로 와서 교육을 받는 경우가 많다.

흥미로운 점 하나가 있다. '상하이시위원회당교'는 1949년에 설립되었는데, 1989년부터 그 이름을 그대로 두고 '상하이행정학원(上海行政學院)'이라는 또 하나의 이름을 갖게 된다. 그 이유는 개혁개방 이후 외국과 교류를 할 때 '당교'라는 이름으로 매칭되는 국외의 기관은 거의 없기 때문이다. 이보다 중요한 두 번째 이유는, 단순히 '당성(黨性)'의 차원에서만 일방적인 주입식교육을 할 수 없고, 아카데미적 학술적 조사 연구의 기능을 대폭 강화하여, 과학적으로 '실사구시(實事求是)'적 문제해결력을 향상시킬 수 있는 실질적인 교육의 필요성이 크게 대두됐기 때문이다.

이를 다시 상하이시 차원으로 확대하여 살펴본다면 '상하이시당교'는 상하이시 정부의 '정책연구실'과 '상하이사회과학원'과 함께 연동되는 삼각체제로, 상호 역할분담 및 협업의 유기적 관계로 긴밀히 작동된다는 점을 생각할 수 있다.

중앙의 국정철학이 지방(상하이시 지역)의 특수한 환경조건 및 경제여건 등을 반영한 정책들(정책연구실)을 통하여 세시되면, 그를 중심으로 온전히 과학적 연구의 차원으로 최고의 연구성과(사회과학원)

들을 도출하고, 다시 그 기초 위에서 그것을 정책을 통하여 입안하고, 집행해야 할 지역의 당원간부 및 공무원을 대상으로 훈련과 교육(당교)을 시키는 구조다.

'상하이시위원회당교' VS '상해교통대학'

이처럼 중요한 기능과 책임을 담당하고 있기 때문일까? 사람들은 비록 학부과정은 없지만 소규모의 석·박사과정을 운영하고 있는 '상하이시위원회당교(상하이행정학원)'와 '상해교통대학' 가운데 어느 곳이 좋은지 질문하기도 한다. 언뜻 보기에는 상호 간에 비교대상이 될 수 없을 것 같은데, 왜 이런 질문을 하는 것일까? 그것은 무엇을 뜻하는 걸까?

첫째, 중국 전역을 놓고 볼 때, '중앙당교(中央黨校)'가 최고의 정점에서 각 지역별 당교들에 대한 컨트롤타워의 역할을 한다면, 상하이시 지역에서는, '상하이시위원회당교'가 그 역할과 기능을 담당한다. 상하이시 지역의 각 대학들도 본교에서 근무하는 교직원 및 학생당원들을 대상으로 당원교육을 하는 기능이 있다. 상해교통대도 당연히 예외가 아니다.

둘째, '상하이시위원회당교'가 상하이시 및 타 지역에서까지 교육받기 위해 상하이시로 오는 모든 당원간부 및 공무원을 대상으로 효과적인 교육을 할 수 있을까? 상해교통대의 경우처럼 교육과 연구

분야에서 풍부한 역량을 보여주는 대학은 본교의 교직원 및 학생당원 외에도 일정 부분 '상하이시위원회당교'와 상호 역할분담 및 협조하여 공무원 교육의 질적 제고를 위하여 힘쓴다.

셋째, 상해교통대 국제와공공사무학원은 2019년 6월 10일 싼야시(三亞市)위원회 조직부, 싼야시위원회 당교와 연합하여, 약 300명 싼야시의 간부들을 대상으로, 중국의 국정철학인 시진핑 총서기의 중요연설 전문연구 세미나반(제3기)을 성공적으로 개최했다.

대학과 당교의 콜라보

중국 대학이 지역 당교와의 콜라보를 이룬다. 당원간부 및 공무원 교육을 매개로 하여 상해교통대의 대외 영향력을 확대한다는 차원에서도 해석할 수 있지만, 한 편으로 그 교육의 실질적인 질적 향상을 위해 당원간부 및 공무원에게 질 높은 다양한 교육 프로그램을 제공하는 것이, 중국의 국가적 차원에서도 갈수록 더욱 중요해지고 있음을 반영한다. 따라서 대학들은 각 지역의 '당교(黨校)'와 연합하여 적극적으로 호응하고 있는 것이다.

정리하면 중앙정부의 국정철학을 각 지역의 실정에 맞는 '정책과제'로 만들고, 그것을 실제로 집행하는 공무원들의 '문제해결 능력'을 제고하기 위하여, 각 지역의 '당교(黨校)'는 중앙당교를 정점으로 하면서, 동시에 그 지역의 혹은 타 지역의 역량 있는 '대학'과 함께 상호 역할분담 및 협업을 강화하는 추세라고 할 수 있다.

이과_ 국가의 전략적 과학기술*

중국의 문화적 토양에는 '사람(人)'과 그들 특유의 '인재(人才)'에 대한, 호기심과 뜨거운 애정이 있다는 것을 느낀다. '새로운 인적 구성원'이 유입되면 그가 어떤 경위를 통하여 들어왔는지, 또 그 사람은 어떤 생각을 하며 현지에서 일을 하고, 어떻게 살고 있는지를 궁금해한다. 나아가 '그'를 통하여 상대방 지역을 이해하는 또 하나의 '연결통로'이자, 소통의 '창(窓)'으로 생각하고 있다는 느낌을 받는다.

'상하이시 인재 복무센터(上海市人才服務中心)' 1층 로비에 가면, 한 눈에 번뜩 들어오는 글귀가 있다.

> 聚天下英才而用之(취천하영재이용지: 천하의 영재를 모으고 그들을 쓴다) —习近平(시진핑)

2020년 7월 20일, 중국은 역사상 처음으로 화성으로 향하는 '천

---

* 이과: 서울대학교 아시아연구소 방문학자 시기 초청 특별강연 (2020.7.30. 16:00)

문호(天问号)'를 발사한다. '코로나-19'의 특수한 상황이고, 미중 관계는 상대국의 총영사관을 폐지하는 등 역사상 전례 없는 험난한 길을 가고 있는 중에 일어난 일이다. 중국은 외부에서 야기된 어떤 환경 속에서도 흔들림 없이 자신의 목표와 시간표에 따라서 '자신의 길'을 가고 있는 상황이다.

2019년 1월 3일, 중국은 창어4호(嫦娥四号)를 달 뒷면에 쏘아 올렸다. 그런데 재미있는 사실은 창어4호가 착륙한 지점의 명칭이, '폰 카르만'이라는 점이다. '폰 카르만(von Kármán)'은 중국 최고 항공항천 과학자 가운데 한 분인 '첸쉐썬(钱学森: 1911-2009)'이 미국 유학시절에 만난 박사과정 지도교수인 은사(恩師)이다.

그럼 '첸쉐썬'은 중국에서 어떤 사람이기에 중국에서 인류 최초의 착륙이라고 자부하는 달 뒷면 착륙지점에 그 은사의 이름으로 정할 만큼 그를 칭송하고 있을까?

결론적으로 중국은 국가전략 차원에서 일관되며, 지속적으로 '과학기술'을 매우 중시한다. 그 구체적 성과의 하나이며, 그 대표적인 성공사례가 바로 상해교통대 출신인 '첸쉐썬(钱学森)'의 '양탄일성(兩彈一星)'을 꼽을 수 있다.

1959년 소련의 후르시초프는 중국 대형프로젝트에 대한 원조를 중단하고, 원자탄 관련 전문가를 철수시킨다. 중국과 관련된 협의노 파기한다. 그리고 단언하기를 만약 중국에 대한 소련의 원조가 없다면, "중국은 20년 안에 원자탄을 만들 수 없다"고 했다.

그런데 놀랍게도 1964년 6월 29일, 중국은 자기의 기술을 통해서 첫 번째 중단거리 미사일 '동평 2호'를 쏘고, 1964년 10월 16일, 중국은 첫 번째 원자탄폭발실험에 성공하며, 1966년, 중국은 '양탄결합(兩彈結合)' 즉, 미사일을 이용한 원자탄 폭발실험에 성공했다. 1967년에는 첫 번째 수소폭탄 실험에 성공하고, 1970년에는 첫 번째 인공위성 '동방홍 1호'가 베이징 상공을 날아오른다.

도대체 이것이 무슨 상황인가? 상황이 이렇게 전개되니, 미국은 어떨까? 그저 강 건너 불구경하듯 보고만 있을 수 있을까?

1972년에 닉슨은 미국 대통령으로는 처음으로 중국을 방문했다. 1979년 1월 1일 미중 양국은 마침내 정식으로 수교를 맺는다.

이제는 알 수 있다. 중국 덩샤오핑이 1978년 12월 당 11기 3중 전회에서, '개혁개방'을 선언할 수 있었던 그 자신감은 바로 '자국의 힘'으로 국방을 책임질 수 있게 해준 '양탄일성'에서 비롯한 것이었다.

중국에서 과학기술은 최고 국가전략의 차원에서 다뤄지고 있음을 뜻한다. 첸쉐썬(钱学森)이 미국에서 막 고국으로 돌아와서 마오쩌둥을 만나 교류할 때의 일이다.

마오쩌둥은 첸쉐썬(钱学森)에게 중국을 어떻게 건설해야 하는지에 관해 묻는다. 그 중에서도 특히, 국방건설에 관한 이야기를 하다가, 갑

자기 첸쉐썬(钱学森)에게 이렇게 묻는다.

"로켓 이외에 당신의 특별한 장점(特长)은 무엇인가?"

그는 즉각 옷깃을 단정하고 바로 앉아, 엄숙한 태도로 말한다.

"주석, 저는 일개 과학기술자입니다."

이 말을 듣고 안심했던 것일까? 마오쩌둥은 그를 중임하기 시작한다. 중국에는 '학이우즉사(学而优则仕)'의 전통이 있다. 누구든지 "배움이 있고, 우수하면, 곧 벼슬한다"는 뿌리 깊은 전통적 인재 관념이다.

첸쉐썬(钱学森)에게도 그런 기회가 있었다. 1956년 그는 당중앙에 '미사일 연구제작기관을 설립해야 한다'는 정책을 건의하게 된다. 그 업무를 위하여 그가 근무하던 곳은 국방부 제5연구원이 되며, 그는 초대원장이 된다. 그런데 이 직을 맡으면서 첸쉐썬(钱学森)에게 생각하지 못한 일이 발생했다.

1960년 즈음, 수천 명의 간부와 기술간부 및 수만 명의 대학생들이 그의 학원에 입학하면서, 첸쉐썬(钱学森)은 다량의 행정업무를 보지 않을 수 없었다. 학원에 소속된 구성원들에 대한 주택분배 문제, 식당과 유치원 건설 등등 모두 그를 찾아 관련된 업무를 보고하고, 결재를 맡아야 했던 것이다.

이런 행정업무가 자신의 연구에 방해가 된다고 판단한 그는, 다시 당중앙에 면직을 요청했다. 정부는 그에게 '정직(正職)'인 '원장(院長)'을 그만두고, '부원장(副院長)'을 맡겨 오직 과학기술의 연구와 정책건의에만 집중할 수 있도록 배려했다. 중국에서 행정직은 '정치 지도자'의 길로 가는 길인데, 그는 포기했다. 하지만 여기에는 중국의 국가 시스템이 작동하는 매우 중요한 숨은 뜻이 담겨 있다.

国家建设(국가건설) = 升官(성관) + 科技(과기)

국가를 건설하기 위해서는 '과학기술'이 필요한데, 우선은 해외에 있는 우수한 인재들을 고국으로 불러오는 것이고, 그 다음은 국내에서 그런 인재들을 양성하는 대학을 건립하는 일이었다.

하지만 국가건설에서 중국의 진짜 숨은 비결은 바로 이것이었다. 중국 수천 년의 역사 속에서 뿌리 깊게 형성된 '관본위(官本位: 관직을 근본으로 삼고, 귀한 것으로 여기는)'라는 관념적 토양에, 어떻게 하면 '물성(物性)' 즉, 사물 그 자체에 주목해야만 하는 '과학기술' 공부에 매진하게 할 수 있을까? 답은 오히려 간단하다. 그 둘을 결합하면 되는 것이다.

'과학기술'을 공부한 사람도 관직에 나갈 수 있게 해주며, 또한 그 연구성과들을 통해서 '승진'할 수 있게 하자는 것, 이것이 바로, 国家建设 = 升官 + 科技이다. 즉 '관직'에 오른다는 뜻의 '성관(升官)'이며, 국가건설을 과학기술과 관직을 연동하는 방정식이다. 열심히 공부해서 최고 수준의 과학기술을 획득할수록 그가 원한다면 얼마든지 관직에 나가서 국사를 볼 수 있도록 하는 것이다.

좋은 예가 있다. 중국에서 손꼽히는 명문 대학들인 '칭베이화우(淸北华五: 칭화대, 베이징대, 절강대, 상해교통대, 복단대, 중국과학기술대학, 남경대)'를 보면, 베이징대를 제외한 나머지 모든 대학들의 총장들은 모두 중국과학원 혹은 중국공정원의 '원사(院士)'를 겸하고 있다. 원사는 중국과학기술 분야의 최고의 학술 칭호로써, 그 자체로 행성식급으로 차관급 대우를 받는다. 과학자들이 중국 최고의 학부에서 대학총장을 맡아 국가의 '백년대계'를 계획하고, 설계하는 것으로 볼 수 있다.

중국 '원사(院士: Academician)' 제도에 대하여 보충 설명을 하면 이렇다. 원사라고 하면 '중국과학원(中国科学院: Chinese Academy of Sciences)'과 '중국공정원(中国工程院: Chinese Academy of Engineering)', 이 양원의 원사를 통칭한다. 중국과학원은 1949년 11월에 성립하여, 중국 자연과학에서 최고의 학술기구라 할 수 있다. 중국공정원은 1954년 1월 '중국과학원 기술과학부'로 시작하다 1994년 6월 3일에 마침내 중국공정원으로 성립된다. 중국 공정(공학) 기술계에서 가장 영예로운 학술기구다.

그렇다면 어떻게 해야 원사가 될 수 있을까? 원사의 추가 선정은 2

년에 한차례 실시하며, 과학 학계의 전문가들이 추천하거나 지명하는 것이 중요한데, 지명(nominate)될 수 있는 자격은 일반적으로 '국가과학기술진보상' 2등 이상과 '자연과학상' 2등 이상의 수상자여야 하며, 지명을 받은 후에는 약 세 차례에 걸친 엄격한 심사와 선거(투표)를 통해 선발한다.

1977년 덩샤오핑 시대에 들어서 '가오카오(高考: 대학입시)'가 부활하고, 중국의 각 대학들이 배출한 동문의 '원사(院士)'의 수를 보면 흥미롭다. 절강대(30명), 베이징대(29명), 길림대(25명), 칭화대(23명), 중국과학기술대학(19명) 등에서 배출했는데, 여기서 주목할 점은 단 1명의 원사라도 배출한 대학(혹은 학원, 즉 대학교의 단과대학)이 약 77개(예를 들면, 내몽고(內蒙古) 의과대학, 절강이공대학, 화북전력대학, 항주사범대학, 요녕(辽宁)석유화동대학, 운남(云南)대학, 신장(新疆)농업대학, 곤명(昆明)이공대학 등)이며 전국적으로 비교적 고른 분포를 보이고 있다는 점이다. 다시 말해, 전국에 걸쳐 각 지역을 대표하는 중점대학을 중심으로 최소 1명 이상의 원사를 배출하며, 각 지역에 배치하고 있음을 알 수 있다.

이런 상황을 염두에 둘 때, 원사들이 국가의 건설에서 어떤 역할을 담당하고 있다고 볼 수 있을까? 중국정부는 국가적 차원에서 그들을 어떻게 활용할 생각을 가지고 있을까?

일명 '156공정'을 살펴보자. 중국의 전역에 대형 국책사업 156개

프로젝트를 실시한 것으로, 1953년 중국의 제1차 5개년 계획시기 (1953년~1957년)에 소련의 지원을 받아서 진행했다. '군사공업기업 44개 가운데, 항공공업 12개, 전자공업 10개, 병기공업 16개, 항천 공업 2개, 선박공업 4개/ 금속공업기업 20개 가운데, 철강공업 7개, 비철금속공업 13개/ 화학공업기업 7개/ 기계가공기업 24개/ 에너 지공업기업 52개 가운데, 석탄공업과 전력공업 각 25개, 석유공업 2 개/ 경공업과 의약공업 3개'이다.

그런데 중대한 문제가 발생한다. 1959년 소련의 후르시초프가 중 국에 대한 대형프로젝트의 원조를 중단한다고 하면서, 전문가를 모 두 철수시켰다. 중국은 갑작스럽게, 최고 과학기술자들의 인재 확 보에 구멍이 날 수밖에 없는 상황이었다. 그래서 중국은 부랴부랴 "1961년 초부터 1965년까지, 전국의 하얼빈공업대학, 베이징항천 학원, 청두전신공정학원, 시베이공업학원, 난징항천학원, 상해교통 대학, 베이징공학원, 타이위안기계학원, 군사전신공정학원, 포병공 정학원, 군사공정원을 국방과학기술위원회의 지도를 받게 하며, 베 이징대학, 칭화대학, 푸단대학, 란주대학 등에는 특수전문가인 군수 공업의 인재의 양성을 확정"한다.

이것은 각 대학들이 그 지역에서 과학기술자들을 배출하고, 지역 의 산업과 발전을 견인하는 최전선에서 역할을 해야 했다는 것을 뜻 한다. 그 최고 과학자가 바로 '원사'이다. 그렇게 그런 방식으로 꾸준히 중국의 각 지역들이 발전을 지속하니 점점 어떠한 모습이 드러났 겠는가?

2017년 11월, 러시아 매체인 〈RT(Russia Today)〉에서 미국의 '데이 터시장 조사기구(Visual Capitalist)'의 보고서 내용을 보면 다음과 같은 사실을 시각화하여 인용 보도한다.

보고서에서는 중국 전역 35개 개별 도시들의 GDP가 과연 세계 어느 국가들과 견줘볼 수 있는지 그 상황을 단적으로 보여주고 있다. 쉽게 말하면, 중국의 어떤 '한 도시'를 그 경제규모에 비견할 수 있는 '다른 한 나라'와 매칭하여 시각화한 것이다. 가령, 상하이(8,100억 달 러)는 필리핀, 베이징(6,640억 달러)은 UAE, 광저우(5,240억 달러)는 스 위스, 선전(4,910억 달러)은 스웨덴처럼 이들 국가의 경제규모에 거의 상응한다고 한다. 달리 말하면, 중국의 한 도시가 '국가급'이라는 이 야기이다.

우여곡절이 없었던 것은 아니다. 문제의 핵심은, 덩샤오핑 시대 이전의 인재정책, 특히 '고위간부의 선발' 등과 관련한 것이었다. 덩 샤오핑 시대의 개막을 알리는, 제11차 당대회에서 통과(1977년 8월 18일)한 당장의 총강에는 다음과 같이 말한다(中国共产党第十一次全国 代表大会一九七七年八月十八日通过).

"党要认真执行无产阶级的'任人唯贤'的干部路线, 反对资产阶级的
'任人唯亲'的干部路线。"

당은 무산계급의 '임인유현(任人唯贤)'의 간부노선을 성실히 집행해
야 하며, 자산계급의 '임인유친(任人唯亲)'의 간부노선을 반대해야 한
다고 합니다.

이게 무슨 말인가? 한 마디로 '사람'을 고위직 간부로 임명할 때,
'오직 현(贤)자인가만 보고 발탁해야지, 나와의 친(亲)한 관계만 따져
서 발탁하면 안 된다'는 말이다.

그럼 덩샤오핑 시대를 여는 서막에, 왜 이런 말부터 나올까? 문화
대혁명(1966년~1976년) 시기, 중국 당 역사상 한 번도 발생하지 않았
던 일이 발생했다. 1969년 4월 14일 통과한 제9차 당대회 당장에서,
아래와 같은 문장이 삽입된 것이다.

特别是把林彪作为"毛泽东同志的亲密战友和接班人"列入党章, 这
在党章的历史上是从未有过的。

- 특히 린비아오(林彪)를 "마오쩌둥 동지의 친밀한 전우이며 후계
자"로 당장(党章)에 삽입한 것은, 당장(党章)의 역사상 유례가 없는
일이다.

즉, 마오쩌둥의 가장 핵심 측근이라 할 수 있고, 또 문화대혁명을 이끈 장본인 가운데 한 사람, 린비아오(林彪)가 "마오쩌둥 동지의 '친밀(亲密)'한 전우와 후계자"로 삼는다는 표현을 당의 '공식적인 헌법'이라 할 수 있는 제9대 당장에 삽입한 것이다. 이것은 중국 당장의 역사상 단 한 번도 출현한 적이 없는 일이다(全文载于1969年4月29日《人民日报》). 이것은 누가 봐도 문제를 제기할 수밖에 없는 명백한 정치적 실수라 할 수 있다. '마오쩌둥과 친밀하니까 후계자로 삼을 수 있다?' 상식적으로 이 상황이 말이 될 수 있나? 결국 마오쩌둥 또한 린비아오의 정치적 미숙함을 질타했다. 하지만 분명 이런 현상은, 마오쩌둥 후반기로 갈수록 당시 중국사회의 풍토에서 인재를 선발하고, 활용하는 측면에서 '친(亲)'한 관계가 얼마나 중요한가를 단적으로 반영한다. 따라서 이런 상황에서 중국을 살리기 위해서는 어떻게 해야 할까? 덩샤오핑은 더 이상, '친(亲)'이 아닌, 오직 '현(贤)'만을 기준으로 인재를 발탁해야 한다고 공표한 것이다.

덩샤오핑은 아래와 같이 말한다.

'인재 문제'는 ①국가의 안위와 민족의 흥망과 관계되며, ②개혁개방과 현대화 건설의 성패와 관련되며, ③중국의 경제 사회발전의 목표를 순조롭게 실현하는 것과 관계된다. 지식인은 노동자 계급의 한 부분임을 인정하고, 과학기술은 제일의 생산력임을 인정하는 것, 이것이 바로 "지식을 존중하고, 인재를 존중한다"는 관념을 확고하게 수 립하는 일이다.(国家人事部:《邓小平人才人事理论学习纲要》,北京:人 民出版社,1997年,第29页)

그럼, 18대 이후 현재의 시진핑 시대는 어떨까? 2019년 중국 '가 오카오(高考:대학입시)'에서, 입학시험 응시생 수가 2008년 이래 처 음으로 1,000만 명(약 1,031만 명)을 돌파한다. 약 1,050만 명이 응시 했던 2008년에 '대학합격률'은 약 60%에도 미치지 못하였다. 하지 만 10년이 지난 2018년을 보면, 대학합격률이 80%를 상회한다. 고 등학교를 졸업한 학생들이 거의 대학에 진학한다는 말이다. 대학 졸 업생수는 어떤가? 2011년(약 660만 명)에 점진적으로 증가하더니, 2019년에는 834만 명에 달한 것으로 추산된다.

2008년 이래, 중국 대학교육의 추세는 대략 다음과 같이 세 가지 로 정리할 수 있다.

첫째, 고등학교 교육의 연장선으로 점차 대중화되고 있는 추세이 다. 둘째, 입시생의 증가로 인하여 '칭베이화우(清北华五)'와 같은 중 국 최고명문대에 진학하기 위한 경쟁은 더욱 심화되었다. 셋째, 그럼 에도 대중화된 대학교육의 위상으로 정작 대학을 졸업한 이후의 진 로(취업) 등이 보장되지 않은 사회문제로 대두되고 있는 상황이다.

중국은 이 문제의 극복을 위하여 어떤 방안을 모색하고 있을까?

화웨이의 창시자 CEO 런정페이(任正非)는 2019년 7월 23일, 8명의 신입 '천재 박사'들에게 연봉이 적게는 위안 89만6,000 위안(약 1억 5천만 원)부터, 많게는 201만 위안(약 3억4천만 원)에 이르는 파격적인 대우(최고연봉 201만 위안을 받은 종좌오(钟钊): 1991년생, 화중과기대(华中科技大学) 학사졸업, 중국과학원대학(中国科学院大学) 석·박사졸업)를 한다. 주로 유학을 다녀오지 않은 국내파 학생들이었다.

그 8명 가운데 일부는 화웨이의 가장 핵심적인 '2012실험실(2012实验室: 화웨이 기업에서 핵심역량을 발휘하는 총연구조직)'에 투입될 가능성이 높은 상황이라 했다. 화웨이는 추가로 20~30명 규모로, 2020년에는 200~300명 규모로 글로벌 최고 인재를 영입할 계획을 가지고 있다고 발표했다.

화웨이 CEO 런정페이(任正非)는 기업 내부에 8명의 신입 '천재 박사'들과 계약했다는 발표를 한 다음날(2020년 7월 23일), 내부 전산망을 통하여 발송한 이메일 자료에서 다음과 같이 말한다.

"화웨이는 미래의 기술과 상업전쟁에서 이겨야 한다. 기술혁신과 상업혁신, 이 두 바퀴는 핵심동력으로, 혁신은 반드시 세계 최고의 인재를 필요로 하며, 이 세계 최고의 인재가 충분히 자신의 재능과 지혜를 발휘할 수 있는 조직토양을 갖춰야 한다. 우선적으로 최고의 도전과 최고의 연봉으로 최고의 인재를 불러온다. 올해 우리는 우선 전세계에서 20~30명의 '천재소년'을 모집하고, 앞으로 점차 증가시켜서 우리 팀의 작전능력구조를 조정할 것이다."

2020년 7월 24일, 상해교통대 총장 린중친(林忠钦) 원사 일행은, 선전(深圳)의 화웨이 기지를 방문하여, 런정페이(任正非)와 좌담을 진행했다. 이날 "상해교통대와 화웨이 양측은 과학기술연구의 혁신, 인재양성과 교류, 학교의 정보화 건설 등의 영역에서 광범위한 협력"을 위한 협의서를 체결한다.

이런 모습은 단적으로 시진핑 시대의 인재관을 잘 반영하고 있다. 2016년 7월 1일, 시진핑 국가주석은 '중국공산당 성립 95주년 대회'에서, 아래와 같이 말한다.

"우리는 재(才)를 식별하는 혜안, 재(才)를 사랑하는 성의, 재(才)를 쓸 줄 아는 담력, 재(才)를 품을 수 있는 아량, 재(才)를 모을 수 있는 좋은 방책, 현명하고 능력 있는 사람을 널리 쓸 수 있는 길을 열어주고, 당 내와 당 밖에서, 국내와 국외에서 각 방면에서의 우수한 인재들을 불러들여, 사람들 모두가 재(才)가 될 수 있기를 갈망하고, 노력해서 재(才)가 될 수 있도록, 그래서 모두가 재(才)가 될 수 있는, 사람들 모두가 자신의 재(才)를 다 발휘할 수 있는 양호한 국면을 조성해야 한다. … 각 방면의 인재들을 더욱 잘 사용해야 한다. 천하의 영재들을 모아서 써야 한다('聚天下英才而用之'——习近平)."

이것은 인재정책이 상대적으로 마오쩌둥 시대에는 '친(親)' → 덩샤오핑 시대에는 '현(賢)' → 시진핑 시대에는 '재(才)'에 방점을 두고 있음을 알 수 있다. 즉, 마오쩌둥: 인(人) → 덩샤오핑: 인(人)+재(才) → 시진핑: 재(才)에 중점을 두고 있다는 것을 뜻한다.

시진핑 시대 인재관에서 '재(才)'가 무엇을 뜻하는지는, 그 교육정책에 의해서 구체화된다. 거시적 관점에서 보면 1977년에 대학입시가 부활한 이래, 1978년 전국에 88개의 국가중점 대학이 선정되었다. 1995년 국무원의 정식 승인을 통하여 일명 '211'로 불리는 21세기를 향한 100여 개 중점대학이 건설되었다. 1998년에는 장쩌민 주석이 베이징대학 100주년 행사에서, 세계일류대학 건설을 목표로 일명 '985'를 발표했다. 현재까지 중국 39개의 대학이 여기에 속한다 (중국에서 학생과 학부모들이 생각하는 '명문대'라 부르는 범위가 이 '985'대학이다).

시진핑 시대에 접어들어 2015년 11월, 국무원에 의해 결정된 '쌍일류(双一流)'는 세계일류대학 및 세계일류학과 동시 건설을 위한 국가전략 프로젝트로 기존의 '211'과 '985'를 대체할 수 있는 정책이 제시된다. 이 프로젝트에 직접 참여된 대학은 앞서 언급한 42개 '세

[표1] 상위 10 일류 대학의 최근 3년 총 예산(단위 : 억 위안)

번호	학교	유형	2016년	2017년	2018년
1	칭화대학淸華大學	A형	182.2	233.3	269.5
2	저장(절강)대학浙江大學	A형	154.3	150.5	154.8
3	상하이교통대학上海交通大學	A형	118.0	140.8	144.9
4	중산대학中山大學	A형	74.0	116.4	134.9
5	동제대학同濟大學	A형	60.1	76.6	134.2
6	베이징대학北京大學	A형	153.1	193.5	125.5
7	푸단대학復旦大學	A형	78.8	100.4	109.9
8	화중과학기술대학华中科技大学	A형	70.5	84.2	98.0
9	길림대학교吉林大學校	A형	52.2	88.0	97.7
10	우한대학武汉大学	A형	78.2	87.5	93.5

출처 : 依凡, 2019.5, 34p.

계일류건설 대학' 및 그 대학의 학과와 별도로, '학과의 차원'에서 세계적 일류학과 건설에 참여하고 있는 95개 대학이다. 따라서 총 137개 대학이 '쌍일류(双一流)' 정책의 무한경쟁 체제에 돌입한다.

이것의 함의를 살펴보면, '칭베이화우(7개 대학)'를 포함한 기존의 절대다수 대학들이 '985 대학(약 39개)'과 같은 명문대학을 능가할 수 있는 여력은 거의 없는 상황에서, 무한경쟁으로 돌입한다면 자연히 낙오할 수밖에 없다. 따라서 중국정부는, 대학이 아니라 단 하나의 학과, 하나의 과목이라도 세계 최고 일류수준의 것을 만들어 낼 수 있으면, 그 과목과 학과를 중심으로 대학을 중점 지원하고, 그것을 바탕으로 그 지역의 과학발전을 이뤄내겠다는 뜻이 담겨 있다.

2018년 11월, 중국 교육당국이 이 목표의 달성을 위하여 설정한 키워드가 '진커(金课:금메달 과목)'이며, 특히 과학기술의 측면에서 단 하나의 '재(才)'라도 발견하고, 발굴하고, 양성하여 세계최고로 만들겠다는 목표가 들어가 있는 것이다. 그렇기 때문일까?

중국 상위 TOP 10의 대학의 상위권은 칭화대, 절강대, 상해교통대처럼 이공계가 더욱 강한 종합대학이 차지하고 있으며, 이 측면에서 베이징대와 푸단대가 최근 들어 상대적으로 조금 밀리는 양상이 보이고 추세다. 오히려 지방의 중점대학들이(물론, 원래도 명문대학 그룹에 속해 있었지만) 그 지역의 정부와 기업으로부터 집중적 지원을 받으면서, '왜? 하나의 단과대학 혹은 심지어 하나의 학과만 제대로 살리면 되니까!'라며, 새롭게 급부상하고 있는 모습(가령, 중산대, 화중과기대)도 볼 수 있다.

이것이 중국의 국가건설과 발전의 작동원리에 있어서, 대학을 빼고는 설명하기 어려운 이유다. 그러면 대학들이 국가전략적 차원은 물론 해당 지역사회와 긴밀하게 전략적 소통을 하며, 또 그 작동에 기민하게 연동되고, 또 깊이 관여할 수 있는 것은 어떤 방식으로 가능할까?

단도직입적으로 말하면, '당장(黨章)'과 '서기(書記)'에서 그 힌트를 찾을 수 있다.

다음 표는 중국의 19차 당대회에서 수정 통과된 당장에서 당원의 '윤리(특히, 반부패)'와 관련된 부분만을 중심으로 정리해 놓은 것이다.

총강에서는 그 시대적 상황과 정신을 반영한다면, 그 전제하에 '당원'은 어떠해야 하고, 당원으로 구성된 '조직'은, 즉 중앙조직(정부), 지방소식(정부), 기층소식은 어떻게 구성되고 및 서로 연계되어 있으며, 어떻게 상호 작용을 주고받을 수 있는가를 잘 보여준다.

[표2] 중국의 19차 당대회에서 수정 통과된 '당장'(黨章)과 당원의 '윤리(반부패)'와 관련된 부분

총강	중국공산당은 당의 영도를 견지하고, 인민을 家의 주인으로 삼으며, 법에 의거해서 국가를 다스리는 유기적 통일의 방식을 통해서 중국특색 사회주의 정치발전의 길을 걷고, 사회주의민주를 확대하는 중국특색 사회주의 법치체계를 건설한다.
제1장	[제2조] 중국공산당원은 영원히 노동인민의 보통의 일원이다. 법률과 정책규정 범위 내의 개인의 이익과 업무직권 이외에, 모든 공산당원은 어떠한 사적인 이익과 특권을 추구해서는 안 된다.

당원	[제3조] 당원은 반드시 아래와 같은 의무를 이행해야 한다: (四) 스스로 자각하여 당의 기율, 우선은 당의 정치기율과 정치규칙을 준수하며, 모범적으로 국가의 법률법규를 준수하고, 엄격하게 당과 국가의 기밀을 보호하며, 당의 결정을 집행하고, 조직의 분배에 복종하며, 당의 임무를 적극적으로 완성한다. (六) 확실히 비판과 자아비판을 전개하며, 용감하게 당의 원칙을 위반한 언행과 업무상의 결점과 잘못을 폭로하고 교정하며, 부정적인 부패현상과 결연히 투쟁한다.
제2장	[제6조] 예비당원은 반드시 당기를 향하여 입당선서를 진행한다. 선서의 내용은 다음과 같다: 나는 지원하여 중국공산당에 가입하며, 당의 강령을 옹호하며, 당의 장정(章程)을 준수하고, 당원의 의무를 이행한다. 당의 결정을 집행하고, 당의 기율을 엄수하며, 당의 기밀을 보호하고, 당에 대하여 충성하고, 적극적으로 일하며, 공산주의를 위하여 평생 분투한다. 수시로 당과 인민을 위하여 모든 것을 희생할 수 있는 준비를 하며, 영원히 당을 배반하지 않는다. [제8조] 모든 당원은 직무의 고하를 막론하고, 반드시 당의 하나의 지부나 소조 혹은 기타 특정조직에 편입되어서, 당의 조직생활에 참가하고, 당 내외의 군중의 감독을 받는다. 당원 지도자 간부는 또한 반드시 당위원회, 당 조직의 민주생활회에 참가해야 한다. 당의 조직생활과, 당 내외의 군중의 감독을 받지 않는 어떠한 특수당원도 허락하지 않는다. [제10조] 당은 자기의 강령과 장정(章程)에 근거하고, 민주집중제에 의거하여 조직된 통일적 정체(整体)이다. 당의 민주집중제의 기본원칙은: (四) 당의 상급조직은 하급조직과 당원 군중의 의견을 자주 청취해야 하며, 제 때에 그들이 제기한 문제를 해결해야 한다. 당의 하급조직은 상급조직에 업무보고를 하면서, 또한 독립적으로 자기직책 범위 내의 문제를 해결해야 한다. 상급과 하급조직은 서로 정보를 통보하며, 서로 지지하고 상호 감독한다.

당의 조직제도	[제11조] 당 지방의 각급 대표대회와 기층의 대표대회의 선거에서, 만약 당장을 위반한 상황이 발생하면, 한 급 위 당의 위원회가 조사하여 사실관계를 확인한 후에, 응당 선거무효와 상응하는 조치를 결정하고, 또한 다시 한 급 위의 상급 당 위원회에 심사 및 승인을 받은 후에 정식으로 집행을 선포한다. [제14조] 당의 중앙과 성, 자치구, 직할시위원회는 순시제도(巡視制度)를 실행하는데, 첫 번째 임기 내에, 관리하는 지방, 부문, 기업 사업단위의 당 조직에 대하여 전부 순시한다. 중앙의 유관부·위원회와 국가기관 부문의 당 조직(당 위원회)은 업무의 필요에 근거해서, 순시 업무를 전개하며, 당의 시(지地, 주州, 맹盟)와 현(시市, 구区, 기旗) 위원회는 순찰제도(巡察制度)를 건립한다.
	[제14조] 당의 중앙과 성, 자치구, 직할시위원회는 순시제도(巡視制度)를 실행하는데, 첫 번째 임기 내에, 관리하는 지방, 부문, 기업 사업단위의 당 조직에 대하여 전부 순시한다. 중앙의 유관부.위원회와 국가기관 부문의 당 조직(당 위원회)은 업무의 필요에 근거해서, 순시 업무를 전개하며, 당의 시(지地, 주州, 맹盟)와 현(시市, 구区, 기旗) 위원회는 순찰제도(巡察制度)를 건립한다. [제18조] 당의 중앙, 지방과 기층조직, 모두는 반드시 당의 건설을 중시하며, 당의 홍보업무, 교육업무, 조직업무, 기율검사업무, 군중업무, 통일전선 등을 자주 토론하고 검사한다.
제3장	[제20조] 당의 전국대표대회의 직권은: (六) 중앙기율검사위원회를 선거한다.
당의 중앙조직	[제21조] 당의 전국대표대회의 직권은: 중대문제를 토론 결정하며, 중앙위원회, 중앙기율검사위원회구성원 수를 조정한다.
제4장	당의 지방조직
제5장	[제30조] 기업, 농촌, 기관, 학교, 연구기관, 지역사회, 사회조직, 인민해방군(중대)와 기타 기층단위, 모두 정식 당원이 3인 이상인 경우에는 응당 당의 기층조직을 성립해야 한다.

당의 기층조직	[제32조] 당의 기층조직은 사회기층조직 가운데 당의 전투보루로서, 그 기본임무는: (七) 당원 간부와 기타 어떤 직원들에 대하여서도 엄격하게 국가의 법률 법규를 준수하고, 국가의 재정 경제법규와 인사제도를 준수하며, 국가, 단체와 군중의 이익을 침해하지 않는가를 감독한다. (八) 당원과 군중이 자각하여 불량한 경향을 억제하도록 교육하고, 각종 기율위반 위법행위에 단호하게 투쟁한다.
제6장 당의 간부	[제36조] 당의 각급의 간부는 반드시 신념을 굳건히 하고, 인민을 위해 복무하고, 근면하게 일하며, 감히 담당할 수 있어야 하며, 청렴하고 공정해야 한다.
제7장	당의 기율
제8장	당의 기율검사기관
제9장	[제48조] 중앙과 지방의 국가기관, 인민단체, 경제조직, 문화조직과 기타 당이 아닌 조직의 지도급기관은 당조를 성립할 수 있다. 당조(黨組)는 영도에서 핵심작용을 발휘한다. 당조의 주요임무는, 당의 노선, 방침, 정책을 관철 집행하는 것을 책임지며, 본단위에서 당의 건설을 강화하고, '전면적인 엄격한 당의 관리(全面从严治党)'를 이행한다.
당조(党组)	[제49조] 당조(黨組)는 서기(書記)를 설치, 부서기(副書記)를 설치할 수 있다. 당조는 반드시 그 성립을 승인한 당조직의 영도에 복종
제10장	당과 공산주의 청년당의 관계
제11장	당휘와 당기

앞의 표를 보면, 중국에서 특히, '대학'과 '연구기관'은 기층조직에 속해 있음을 알 수 있다. 대학과 연구기관 나아가서는 중국사회에서 새롭게 생겨날 수 있는 어떤 조직도 3명 이상의 당원이 있을 경우는,

[표3] 중국 대학 내부 관리 체계

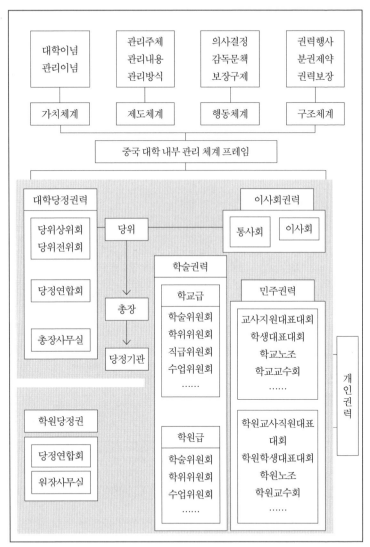

출처 : 张衡,畦依凡 2020.3/주 : 학원은 단과대학을 의미함.

마치 중국사회에서 세포분열과 같은 형태로 새로운 '당조직(黨組)'을 성립하는 것으로 중국정부는 중장기적으로 이를 흡수한다. 그리고 중국사회에서 각 '조직'과 '단위'는 결국 '당조'의 형태를 통해 연결되고, 그 핵심 연결고리가 바로 '서기(書記)'라고 할 수 있다. 그는 당내·외의 업무에서 모두 관여할 수 있고, 그래서 각 단위의 서기는 최종적으로, 중국 국가주석인 단 한 명 즉, '총서기'를 향하는 시스템이라고 할 수 있다.

'대학'이 중국정부와 각 사회조직들 간에 어떤 식으로 연계가 되어 있고(중국은 '계급'사회이다. 계급에 의하여 각 단위들이 어떻게 서로 매칭을 해야 할지 정해진다. 예를 들면 상해교통대는 차관급 대학으로 학교의 당서기와 총장은 차관급이다.) 함께 하나의 톱니바퀴처럼 작동하는지, 아래 같은 실제 상황에 적용해 시뮬레이션을 돌려보면 금방 이해할 수 있다.

2019년 제13회 여름 '다보스 포럼'에 참석하는 것을 계기로, 불가리아 대통령 루멘 라데프(Rumen Radev)는 7월 1일부터 5일까지 중국을 방문했다. 그를 맞이한 것이 학교의 최고 지도자 즉 '서기(书记)'라는 점에서 미루어 알 수 있는 점은 다음과 같다.

중국에서 대학은 고등교육기관으로서의 역할 외에, 중국의 '당정(党政)'기구로서 중요한 역할과 책임을 또한 담당한다.

● 7월 2일 | 라데프 대통령은 다롄에서 개최한 제13회 여름 다보스

포럼에서, 허베이성 부서기(副书记), 쉬친(许勤: 허베이성 성장, 중앙위원)과 회견한다.

● 7월 3일 | 라데프 대통령은 베이징에서, 베이징시 서기(书记) 차이치(蔡奇: 중앙정치국위원)와 회견한다.

● 7월 3일 오후 | 국가주석 시진핑 총서기(总书记)는 베이징 인민대회당에서 라데프 대통령을 맞이하고 환영의식을 거행한다. 회담 자리에서 양국의 지도자는 중국과 불가리아의 관계를 '전략적 동반자 관계'로 격상하기로 결정한다.

● 7월 4일 | 라데프 대통령은 상하이에서, 상하이시 부서기(副书记) 잉용(应勇: 상하이시 시장, 중앙위원, 현재 후베이성 서기)과 회견한다.

● 7월 5일 오전 | 라데프 대통령은 쉬쟈회(徐家汇)에 있는 상해교통대 국제와공공사무학원의 불가리아연구센터를 방문 및 강연한다. 그를 맞이한 것은 상해교통대서기(书记) 장스셴(姜斯宪: 상해교통대 기계공정과 졸업, 과거 상하이시 부시장, 하이난성 부성장을 역임하고, 2014년부터 2020년 3월 16일까지 상해교통대에서 당서기를 맡음)이다.

● 7월 5일 | 라데프 대통령은 C-trip(씨트립) CEO 쑨제(孙洁)와의 간담회를 진행한다.

앞의 내용은 중국사회에서 국가가 어떻게 작동하는가를 입체적으로 보여주고 있다. 시진핑 시대의 인재관의 가장 큰 특징인 인재에서, '人'으로부터 어느 정도 분리하여, '才' 자체에 더욱 주목하고 있다는 것을 보여준다. 그리고 그것을 극대화해 '국보(國寶)'급 국가전략적 차원에서 인적자원을 적극적으로 활용하고 있다는 것을 알 수 있다. 상해교통대 출신의 첸쉐썬(钱学森) 과학자를 중심에 놓고, 중국의 사회 속에서 작동하는 '판' 위에 그로 대변할 수 있는 인재(원사, 과학기술자)를 올려놓고, 어떻게 그들이 작용하는지 제도적 측면에서 생각할 수 있도록 구성하였다. 이 과정을 통해서 자연스럽게 과학기술자 인재를 양성하고 배출할 주체인 '대학'이 중국사회에서 어떤 식으로 기능하는지, 또 각 사회의 조직과 어떻게 유기적으로 연결될 수 있는지 그것을 밝히는 데에 주안점을 뒀다.

중국에서는 '전당전사회(全黨全社會)', '전당전국(全黨全國)'이라고 말한다. 당이 사회보다, 당이 국가보다 앞서 나온다. 이것은 중국의 집권당이 전체 사회를 이끌고, 전국을 견인한다는 뜻을 내포하며, 이를 통해 책임정치가 실현될 수 있다고 생각한다.

그것은 중국사회가 단적으로, 국정철학과 시대정신을 공유하고 있는 국가의 '당원'들이 각각 중앙정부, 지방정부 및 기층조직까지 포진하며, 각 단위의 '서기'를 중심으로 상호연결의 중추적 역할과 책임의 정무적 기능을 담당하며, 최종적으로 중국이라는 국가가 작동하는 정책적 의사결정과 '공무(公務)'집행 시스템을 구축한 것으로 볼 수 있다.

다시 말해 중국사회의 매 조직과 조직 사이에 '서기'를 하나의 기준으로 놓고, 전 사회조직이 계급을 통해서 공적 연결망이 구축되는 형태다. 중국사회의 계급은 대략 11단계(세부적으로 27개)로 구분되며, 국가주석(당 총서기)을 제외하면, 정국(正國: 정치국상무위원), 부국(副國: 정치국위원), 정부(正部: 국무원장관), 부부(副部: 국무원차관), 정국(正局), 부국(副局), 정처(正處), 부처(副處), 정과(正科), 부과(副科), 과원(科員)으로 볼 수 있다. 이들이 유기적으로 또 최종적으로는 '총서기'를 향하여 통일된 국가리더십을 구현하고 있다.

중국 사람들은 말한다.

人往高处走

水往低处流

사람은 누구나 높은 곳으로 가고 싶어 하고, 물은 낮은 곳으로 흐른다.

시진핑 시대의 중국사회는 국가전략적 차원에서 인적자원을 극대화하여 활용할 방안에 집중한다. 또한 인재의 발굴, 양성, 공급의 중추적 기능을 바로 '대학'이 담당하면서, 개인의 측면에서 자신의 才(재)를 최고로 발휘하고, 국가의 측면에서는 그 才(재)가 곧 국가의 건설과 발전에 공헌할 수 있고, 하나도 낭비되지 않을 수 있도록 촘

촘한 공적 시스템을 구축하려 하는 것은 매우 특징적이며 또 인상적이다. 그것이 당정의 역할도 하고 있는 대학의 의미며, 그 구체적 실현은 조직의 '서기'를 통해 작동하고 있다.

문과_ 고위직 관료시스템*

평일 오후 4시 상하이 민항구 한 동네의 일상은 어떤 모습일까? 무슨 행사라도 있는 것인가? 자세히 들여다보니, 도로변을 양 옆으로 두고 사람들과 자동차, 자전거 등이 빼곡하게 서 있는 진풍경을 이룬다. 언뜻 무엇을 학수고대하며 기다리고 있는 듯하다. 궁금하여 가까이 가니 비로소 알 수 있었다.

손자, 손녀의 초등학교 하교를 기다리는 어르신들이다. 그런데 왜 부모가 아니고 할아버지 할머니가 나와 계신 것인가? 한두 집이 아니라, 대부분이 그렇다. 아빠는 말할 필요 없지만, 엄마도 직장에서 일을 한다. 그럼 할아버지 할머니는 어떠한가? 일반적으로 조부모는 퇴직을 하고 손자, 손녀를 돌봐주는 경우가 많다. 실제 그렇게 하지

---

* 〈차이나랩〉- 문과: N10 중국에서 고위 관료가 되려면 베이징·칭화대가 답이다? (2019.5.13. 16:54)

않으면 일반 가정은 아이들의 교육비 지출을 위한 뒷바라지에 생활이 녹록치 않다.

왜 그런가? 우리나라처럼, 중국의 아이들은 방과 후에 미술학원, 피아노학원, 영어학원, 컴퓨터학원 등에 가야 한다. 그런데 우리나라와 조금 다른 결제시스템이 있다. 학원비는 마치 일반 학교에 학비를 내는 것처럼 학년제(?)다. 대개 1년 단위로 일시불로 지불한다.

미술학원을 예로 들어보자. 일주일에 한 번 기준으로 한 달에 4번 수강한다고 가정하면, 한 달 수강료는 약 10만 원이다. 그런데 아이가 그 학원을 다니려면 최소 1년 학비인 120만 원을 선지급해야 한다. 당연히 교재와 재료비는 별도다. 좋은 학원의 가격은 더 비싸지 않겠는가? 학원을 어디 한 군데만 다니는가? 한 번에 지출되는 비용이 만만치 않다는 말이다. 부모가 모두 밖에서 일을 하고, 조부모가 아이들을 돌봐주는 경우가 일반적인 이유다. 그렇지 않으면 부모가 맘 놓고 일하기 어렵다.

늦어도 초등학교 때부터, 아이의 교육을 위해서라면 할아버지 할머니까지도 모두 달려들어 아낌없는 투자와 수고를 하는 이런 일반적(?)인 상황은, 중국의 교육열이 얼마나 대단한지 여실히 보여주는 단적인 예이며, 좋은 학교를 가는 것이 가장 안정된 신분상승의 첩경이라는 것을 알 수 있다. 그런데 최근 중국사회에서는 교육, 특히 '엘리트 교육'에 관한 프랑스 소식에 주목한다.

프랑스 마크롱 대통령은 2019년 4월 25일 대국민담화에서 공평한 사회의 건설을 약속했다. 인재의 채용, 육성, 직업 승진 체계의 규칙을 새롭게 제정하여, 청년들이 타고난 가정환경 등 출신 배경에 의해서가 아니라, 오직 자신의 능력을 통해서 꿈을 이룰 수 있게 하겠다며, 프랑스 '엘리트 교육'의 산실인 ENA(Ecole Nationale d'Administration, 국가행정학원)를 폐교하겠다고 선언했다.

ENA는 마크롱 대통령의 모교이며, '프랑스의 하버드'로 불린다. 일종의 전문 행정대학원으로 학생 평균 연령은 31세이다. 학생들은 대부분 입학하기 전에 사회에서 다년간 직장에 다닌 경험이 있다. 1945년 제2차세계대전 이후 프랑스의 재건을 위해 정부에서 일할 '고위직 전문관료'를 배양할 목적으로 설립됐다. 프랑스의 전 대통령 올랑드, 현직 대통령 마크롱과 총리 필리프의 공통점은 바로 ENA출신이라는 점이다. 1945년 이후, 역대 4명의 대통령과 7명의 총리 등 프랑스의 최고위 공직자가 ENA 출신이다.

하지만 프랑스 일반 국민들에게 이런 상황은 프랑스 학교시스템이 지극히 불평등하다는 것을 보여준다. 마크롱 대통령은 국민들의 '불만'을 해소하고, 정치와 재계 등 사회 최고위 계층에 깊숙이 침투하고 있는 ENA의 영향력 확대와 공고화로 고착되고 있는 '불평등사회' 구조를 해결할 목적으로 최근 ENA의 폐교를 선언한 것이다.

이에 대한 중국의 일반적 관점과 평가는 ENA의 폐교를 통해서

프랑스 사회의 불평등 문제를 해결하려는 목적과 취지는 이해하며,
또 그 성공 여부는 물론 마크롱의 정치적 지혜와 박력을 시험할 것이
라고 말한다. 하지만 단순히 ENA의 폐쇄를 통해 이 불평등의 문제
를 해결하기는 어려울 것으로 본다.

그럼, 중국은 이 불평등 문제를 어떻게 바라보며, 그것을 극복하
려고 어떤 정책적 노력을 하는가? 정작 이 문제의 딜레마는 여기에
있다.

예를 들어 살펴보자. 어떤 학생이 명문대(대학이든 대학원)에 진학
했다. 분명 그는 성적이 우수한 학생이다. 하지만 우수한 학생이 곧
유능한 공무원, 또 훌륭한 관료일지는 알 수 없다. 시험문제를 잘 푼
다고 실제 사회문제를 잘 푼다는 보장은 없는 것이다. 또한 전통적
관점에서 중시했던 '재덕(才德)'을 겸비했는지는 필기시험만 가지고
전혀 확인할 수 없다. 그래서 관료에게 요구되는 것이 실제 '현장의
경험'을 통해 증명할 수 있는 그의 '성과'와 주변 동료들의 조직적인
'평가'이다.

행정(行政)

중국 '고위관료시스템'은 바로 여기에 초점을 맞추고 착안한다. 중국
에서 행정(行政)의 의미를 생각해볼 필요가 있다. '행(行)'하고 난 뒤
에 '정(政)'한다. 행정과 정치는 연결되어 있으며 엄밀히 구분하면,

'행정'을 먼저 한 후에 '정치'를 할 수 있다는 뜻의 조합어로 중국 행정의 의미를 이해할 수 있다. 더 구분해서 말하면, 행정은 실무를, 정치는 정무를 뜻한다.

둘째, 중국은 계급사회이다. 행정의 직급(계급)은 모든 단위(조직)에 일반적으로 적용된다. 전체적으로 보면 중국사회의 계급은 대략 11단계로 구분한다. 국가주석(당 총서기)을 제외하면, 정국(正國: 정치국상무위원), 부국(副國: 정치국위원), 정부(正部: 국무원장관), 부부(副部: 국무원차관), 정국(正局), 부국(副局), 정처(正處), 부처(副處), 정과(正科), 부과(副科), 과원(科員)이다. 참고로, 우리와 같이 5급, 7급, 9급 시험이 따로 있는 것이 아니고, 일괄적으로 공무원시험에 통과하면 가장 말단인 '과원(科員)'부터 시작한다.

이를 바탕으로 상해교통대학의 경우를 통해 살펴보자. 상해교통대학은 중국 최고의 명문대학 가운데 하나로서 중앙에서 정하길, 이 단위(조직)는 중국 국가행정직급에서 '부부(副部: 국무원차관)'에 해당한다. 학교의 최고지도자인 학교 당서기와 총장이 차관급에 속한다는 말이다.

구체적인 사례를 보면, 상해교통대 주젠(朱健) 교수는 얼마 전까지 상해교통대 학교당위원회 부서기(副書記)였다. 그런데 최근 인사이동에서 놀랍게도 그는 후난성(湖南省) 창사시(長沙市)의 상무위원, 부서기 겸 창사시당교(창사행정학원)의 원장(총장)으로 발령받았다.

학교 업무에서 후난성 창사시인민정부의 직무로 정식으로 이동하여 맡게 된 것이다.

이런 것이 가능한 이유는 두 가지에서 찾을 수 있다. 하나는 상해 교통대학의 직급이 차관급이기 때문에 그 급에 해당하는 시의 인민 정부로 인사 이동할 수 있는 자격이 주어지는 것이고, 또 하나는 그 의 승진을 테스트하기 위하여 이미 몇 해 전부터 중앙정부에서는 상 해교통대 부서기 겸 '화이화시(懷化市)' 인민정부의 부시장(副市長)을 맡게 하여 그의 능력을 검증하였던 것이다. 시정부의 일을 실제로 겸 직하여 맡겨 보면서 그의 능력이 어떤지 판명이 나면, 그에게 학교를 떠나 시인민정부로 자리 이동할 수 있는 기회를 주는 것이다.

그 또한 말할 필요 없이 상해교통대에 입학하는 순간부터 학위과 정을 통해 박사학위까지 계속 학업을 하면서 연구업적을 남겼고, 행 정직 보직은 학교 교학지도위원회 '과원(科員)'에서부터 시작하여 학 교 당위원회 '부서기(副書記)' 자리까지 올라간 것이다.

그리고 생각해볼 점은 장쑤성 출신인 그를, 그가 이전에 한번도 경험해본 적이 없는 타 지역인 후난성에 인사배치를 했다는 점이다. 자기가 나고 자란 곳을 벗어나 타 지역에서도 탁월한 업무 성과와 주 변 동료들의 조직평가로부터 좋은 평가를 받게 되면 최종적으로 중 앙으로 발탁된다.

'중국의 고위관료시스템'은 기회와 검증을 통한 엘리트 인재의 육성

중국의 '고위관료시스템'은 이처럼 '불평등한 교육기회'를 통해서 발생할 수밖에 없는 원천적이며 태생적 한계에 속할 수 있는 '불만'을, 지속적인 교육의 기회 제공과 그 능력에 대한 부단한 검증을 통한 '엘리트 인재'의 육성, 이를 통해서 명실상부 '재덕(才德)'을 갖춘 인재만이 고위관료로 진입할 수 있는 제도를 갖추는 정책이다.

　가능한 최대로 실제 경험을 통해 검증된 양질의 행정적 및 정치적 서비스를 제공할 수 있는 인사를 발탁함으로써 그를 통하여 다수를 '만족'시키고, 다수가 기꺼이 '수긍'할 수 있는 방법으로 극복하려고 한다.

4

대학은 인재양성과 공급을 통해, 개인과
국가 사이에서 상호발전의 유기적[有機的]
선순환을 이룬다!

국가의 작동

유기적 통일을
향하여

국방과 외교

마오의 흐루시초프 공격[*]

일반적으로 중국의 굴기를 떠올리면 1978년 12월 18일 제11기 3중
전회에서 덩샤오핑이 '개혁개방'을 언급한 때를 말한다. 하지만 시야
를 조금 더 넓혀 과거를 살펴보면, 1820년 아편전쟁이 발발하기 전
에 이미 중국은 전 세계의 GDP에서 1/3을 점하고 있었다. 다시 물어
보자. 아편전쟁의 발생이 중국이 무역을 못해서 서구 열강들에게 뒤
처지고, 결국 중국이 반식민지 상태로 전락한 것인가?

---

[*] 〈차이나랩〉 - N2 마오의 흐루시초프 공격 "누가 중국은 핵무기를 만들 수 없다고 말했
는가?" (2019.1.14. 9:44)

아니다. 그것은 역사적 경험에서 알 수 있다. 중국이 걱정했던 것은 먹고 사는 '경제' 자체보다도, 14억 명의 인구라는 거대시장과 그 시장의 울타리로서 자국의 영토를 스스로 지킬 수 있는 '국방'이었던 것이다. 역설적으로 중국에서 '경제적 굴기'는 결국 시간문제로 보는 이유다. 하지만 아무리 경제적으로 발전하면 뭐하는가? 경제적으로 부강한 국가가 '부'를 지킬 수 있을 만큼 '강'하지 못하면, 제2의 아편전쟁은 언제든지 또 발생할 수 있다. 이를 극복할 수 있는 유일한 길은 '과학기술'이다.

중국은 첫째, 이 점을 매우 명확히 알고 있다. 둘째, 그런 이유로 중국은 국가적 차원에서 매우 일관되며 지속적으로 '과학기술'을 중시한다. 그것의 구체적 성과이며, 대표적인 성공사례가 바로 '첸쉐썬(钱学森: 1911-2009)'의 업적이다. 그는 중국의 오랜 고민인 '양탄일성(两弹一星)'의 문제를 해결했다.

1959년 소련의 흐루시초프는 중국의 대형프로젝트에 대한 원조를 중단했다. 원자탄 관련 전문가를 철수시키고, 중국과의 관련 협의도 파기했다. 소련의 원조가 없다면 "중국은 20년 안에 원자탄을 만들 수 없다"고 그는 단언했다.

하지만 놀랍게도 1964년 6월 29일, 중국은 자기의 기술을 통해서 첫 번째 중단거리 미사일 '둥펑 2호'를 쏘았다. 1964년 10월 16일에 중국에서는 첫 번째 원자탄폭발실험에 성공했다. 1966년에는 '양탄

결합(兩彈結合)' 즉, 미사일을 이용한 원자탄 폭발실험에도 성공했다. 1967년에는 첫 번째 수소폭탄 실험에 성공했고, 1970년에는 첫 번째 인공위성 '동방홍 1호'가 베이징 상공을 날아올랐다.

이러한 상황 속에서 미국은 어떤가? 1972년에 닉슨이 미국 대통령으로는 처음으로 중국을 방문했고, 1979년 1월 1일 미중 양국은 정식으로 수교를 맺었다.

놀라운 일이다. '양탄일성(兩彈一星)'은 두 개의 폭탄(처음에는 원자탄과 유도탄미사일을 뜻하였으나, 최근에는 원자탄과 수소폭탄을 가리킴)과 하나의 인공위성을 가리킨다. 이 작업들은 1955년 9월 17일, 첸쉐썬이 가족(부인과 두 자녀)과 함께 고국으로 돌아오는 순간에 이미 예견된 일이었다.

'약속된 역사'의 재현인가? 불현듯 제갈량이 빈 배를 타고, 조조 진영에 들어갔다가, 적진의 '10만 개의 화살'을 받고 유유히 빠져나오는 장면이 스친다.

첸쉐썬이 조국에 막 돌아왔을 당시 중국은 아직 세탁기조차 만들어내지 못하는 상황이었다. 하지만 그는 "중국은 세계 국방 과학기술의 시장에서 가장 최첨단의 영역에 속한 로켓과 미사일 사업을 발전시켜야 한다"고 정부에 건의했다.

지금 사람들은 모두 중국의 '개혁개방'의 과실과 미래를 향해 바라보지만, 오히려 중국 자신은 결코 그의 이뤄낸 과거의 '역사적 업적과 공로'를 잊지 않는다. 그 이유는 바로 중국의 대문을 세계로 활짝 열 수 있게 했던 자신감의 발로로서 그 실질적인 역량은 '양탄일성(两弹一星)'의 실현에 있었기 때문이다.

● 마오쩌둥 : "누가 중국인은 미사일 핵무기를 만들지 못한다고 했는가? 지금 해내지 않았는가? 흐루시초프가 우리에게 이런 첨단기술을 주지 않은 것은, 극히 좋다, 우리들 스스로 하게 만들지 않았나, 내가 볼 때 흐루시초프에게 1톤 무게의 훈장을 줘야 한다!"

● 덩샤오핑 : "60년대 이래로, 만약 중국에 원자탄이 없고, 수소폭탄이 없고, 인공위성이 없었다면, 중국을 중요한 영향력의 국가로 부를 수 없다. 현재 이러한 국제적인 지위를 가질 수도 없다."

1999년 9월 18일, 장쩌민은 '양탄일성(两弹一星)'에 걸출한 공헌을 한 첸쉐썬에게 '양탄일성 공훈상'을 수여했고, 2001년 국제코드 3763 소행성의 이름을 '첸쉐썬'으로 정식 명명했다.

2009년, 첸쉐썬은 향년 98세로 생을 마감했다. 그는 비록 생을 마쳤지만, 중국은 2000년부터 개최된 국가과학기술상 표창대회를 통해서, 중국과학기술계의 최고영예인 중국 국가최고과학기술상(1~2명) 수상자를 매년 선정하여 발표하고, 시상식을 거행한다. 2019년 1월 9일, 2018년도 국가과학기술상 표창대회를 개최했다.

2017년에는 전국에 '첸쉐썬'을 학교 이름으로 유일하게 쓰고 있는, '북경12중 첸쉐썬학교(北京十二中钱学森学校)'의 '첸쉐썬 항천 실험반'의 학생들이, 중국 최초로 그들이 설계한 작은 위성을 성공적으로 발사했다. 첸쉐썬의 정신과 업적이 항공항천을 향해 꿈꾸는 어린 학생들에게까지 전승되고 있는 것이다.

중국 경쟁력의 원천은, 개인, 특히 '엘리트 역량'의 극대화를 통해서, 국가의 과학기술 발전에 최대한도로 공헌할 수 있도록, 중국정부가 인재를 적극 발굴하고 지원하는 '국가의 의지와 정책' 시스템에 있다.

비핵화인가 무핵화인가[*]

2019년 2월 27일과 28일 세계의 이목은 베트남 하노이에서 열린 북미 정상회담에 쏠렸다. 결론은 모두 알고 있듯이 결렬이었다.

하지만 2차 북미회담에서는 중요한 성과가 하나 있었다. 양국이 원하는 '비핵화(denuclearization)'가 무엇인지에 대한 답을 또렷이 얻었다는 점이다. 싱가포르부터 베트남에 이르는 두 번의 북미 정상회담을 포함하여 지금까지 진행된 일련의 미국과 북한의 지속적인 교섭은 사실상, 미국이 북한의 '비핵화(denuclearization)'에 대한 뜻, 그

---

[*] 〈차이나랩〉 - N5 비핵화인가 무핵화인가, 단어에 내포된 속내는? (2019.3.4. 16:27)

비핵화에 대한 용어

- CVID: 완전하고 검증 가능하며 되돌릴 수 없는 비핵화(complete, verifiable, irreversible denuclearization)

- CD: 완전한 비핵화(complete denuclearization)

- FFVD: 최종적이고 완전하게 검증된 비핵화(final, fully verified denuclearization)

'속내'를 탐색하는 과정에 가까웠다.

이 회담에서 트럼프가 북한에게 확실하게 보여준 '비핵화'의 의미는, '핵과 관련된 모든 무기와 모든 시설들의 폐기'를 뜻한다. 이에 대해 북한은 선별적인 비핵화를 하겠다는 속셈을 갖고 있었다. 한 마디로, 속내를 '들켰다'는 이야기다.

이 문제에 관한한 중국의 외교 용어는 심플하다. 영어의 'denuclearization'를 공식적으로 '비핵화(非核化)'가 아닌, '무핵화(無核化)'라고 한다. 1991년 남북한 비핵화 공동선언을 이야기할 때부터 이미 중국은 '비핵화'를 '무핵화'라고 명명했다. 글자 뜻으로 보면, 비핵은 '핵이 아니다'이며, 무핵은 '핵이 없다'는 의미다. 따라서 비핵화는 '핵을 하던 것에서 안하는 것으로의 변화과정'이며, 무핵화는 '핵이 있던 것에서 없애는 것으로의 변화과정'으로 이해할 수 있다.

그런데 이 유사한 용어가 민감해질 수 있는 지점은 각각 핵이 '있는가, 없는가'에 따라서 의미의 큰 차이가 생긴다는 점이다. 핵이 없는 경우라면, 사실 크게 상관없다. 왜냐하면 핵과 관련한 활동을 애초에 '아니'할 것이기 때문에, 핵이 생길 수도 없다. 반면 만약에 이미 핵이 있는 경우라면, 사정은 좀 달라진다. 더 이상 핵 관련 활동을 하지 않겠다는 의미로 '비핵화'의 의미를 얼마든지 쓸 수 있다. 기존의 핵은 '비핵화'의 대상에서 빠질 수도 있다. 하지만 '무핵화'라면 무조건 핵이 있어서는 안 된다. 기존의 핵도 당연히 문제가 된다.

만약에 이런 뜻의 '완전한 비핵화'라면, 북한의 입장은 앞으로 핵 관련 모든 활동을 완전하게 하지 않겠다는 뜻이지, 기존의 있는 핵 모두를 없앤다는 의미의 '무핵화'의 뜻과는 거리가 있다. CVID, CD, FFVD 등의 복잡한 용어를, 중국은 단 한글자 '無'로 간략하면서도 함축적으로 정리한다. 즉, 모든 핵을 용납하지 않는다는 의미에서 '無核化'이다.

이 용어는 우리에게도 곱씹어 볼 질문을 던진다. 2019년 지금은 1991년 남북한 비핵화 공동선언이 있은 지 28년이 지났으며, 2006년부터 2017년까지는 북한에서 이미 6번의 핵실험을 했다. 심지어 북한은 2017년 11월 29일 핵무력을 완성했다고 선포했다.

이처럼 북한에 핵무기가 있을 것으로 충분히 추정되는 지금, 우리는 여전히 '비핵화'라는 말을 쓰는 것이 합당한가?

공정한 기회[*]

2019년 10월 22일, 미국의 시사전문지 〈USNews〉는 2020년 세계대학 순위 평가를 정식으로 발표했다. 중국 내 대학을 중심으로 그 결과를 보면, 칭화대학(국내 1위; 세계 36위), 베이징대학(국내 2위; 세계 59위), 중국과학기술대학(국내 3위; 세계 128위), 상해교통대학(국내 4위; 세계 136위), 절강대학(국내 5위; 세계 157위), 남경대학(국내 6위; 세계 168위), 복단대학(국내 7위; 세계 171위)의 순이다.

그런데 이 결과에서 학과 순위를 기준으로 보면, 중국 대학 가운데 세계 1위 학과를 보유한 대학은 칭화대학(3개: 토목공학, 컴퓨터공학, 공학과)와 하얼빈공업대학(1개: 전기와 전자공학)이다. 세계 Top10의 학과를 보유한 대학의 순위를 보면, 1위 칭화대학(7개), 2위 하얼빈공업대학(3개), 3위 상해교통대학(4개), 4위 화중과기대학(3개), 5위 절강대학(2개), 5위 중국과학기술대학(2개), 5위 동남대학(2개)이다.

여기서 눈여겨봐야 할 포인트 가운데 첫째, 베이징대학은 의외로 세계 Top10의 학과가 1개(재료과학)에 불과하다는 점이다. 둘째, 중국 대학이 보유하고 있는 세계 Top10의 학과 모두 이공계 학과(예: 토목공학, 컴퓨터공학, 전기와 전자공학, 기계공학, 재료과학, 화학, 농업과학)라

---

[*] 〈차이나랩〉- N23 중국 '과학기술' 발전과 진보에는 '국적'이 없다 (2019.11.13. 14:47)

는 사실이다.

이는 무엇을 뜻하는가? 고등교육으로 중국의 대학교육은 그중에서도 특히 이공계가 곧 중국의 '종합국력(Comprehensive National Power)'을 구성하는 핵심적 역량으로 간주된다.

그래서인가? 중국 교육부부장(部长) 천바오셩(陈宝生)은, 2019년 9월 26일 건국 70주년 경축 활동의 일환으로 개최한 언론 브리핑에서 대학교육을 예로 들며, 중국의 교육수준이 세계 중상위의 수준에 올랐다고 밝혔다.

그에 대한 근거로 첫째, 중국 고급인재 60% 이상이 대학에 다니고 있으며 둘째, 국가 기초연구와 중대형 과학 연구 60% 이상을 대학이 맡고 있다. 셋째, 중국 국가중점실험실의 60% 이상이 대학에 있고, 넷째, 국가 과학기술 3대상(①국가 자연과학상·②기술 발명상·③과학 기술진보상)의 60% 이상을 대학에서 획득하고 있다. 이것이 중요한 종합국력이라고 한다. 중국은 '종합국력'을 구성하는 핵심적 역량으로 그만큼 '과학기술'을 중시하고 있다.

따라서 중국이 과학기술인재의 등용을 우대하는 것은 너무나도 당연하다. 몇 가지 예를 들어보자.

2019년 10월 28일부터 31일까지, 베이징에서 개최한 제19기 중국공산당 중앙위원회 4차 전체회의(4중전회)에서는 시진핑 국가 주석의 후계자로 '정국(正国)'의 계급에 해당하는 신임 정치국 상무위원이 등장하는 것은 아닌지 세간의 관심이 높았다. 그런데 정작 실제로 인사의 변화는 어디에서 있었는가? 중앙위원회 후보위원이었던 마정우(马正武), 마웨밍(马伟明)이 중앙위원회 위원이 된다. 공산당 중앙위원은 '당중앙'에 들어가는 계급인데, 특히 마웨밍(马伟明)은 칭화대 박사 출신으로, 현재 중국공정원 원사(院士)이며, 해군공학대학 전기공학학원 전력전자기술연구소 주임이다. 또 국가 과학기술진보상 1등(2개), 국가기술발명상 3등(2개), 군대과학기술진보상 1등(4개)을 수상한 경력이 있는 '국보급' 전문가로 알려져 있다.

어디 이뿐인가? 최근 중국 인터넷을 뜨겁게 달구고 있는 '빠링허우(80后: 1980년 이후 출생)' 인사가 있다. 2019년 11월 8일, 82년생 왕보(王博) 교수는 북경이공대학 간부교수회에서 부총장직을 맡게 된다. 그는 베이징대학에서 화학을 전공하고, 미국에서 석·박사 유학을 한 후 중국으로 돌아와서 2011년에 '북경이공대학의 걸출한 중청년 교수 발전지원 계획'에 입선하여 북경이공대학에 뿌리를 내리고, 2015년에 북경이공대학 화학학원의 부원장을 맡다 탁월한 과학 연구성과를 통해서 부총장이 된 것이다. 이것은 또한 중국의 주요 대학의 리더가 젊어지는 추세에 있으며 동시에 과학인재의 발전을 의미한다.

또한 이것이 다가 아니라는 점이 중요하다. 중국에서 '과학기술'의 발전과 진보에는 사실상 '국적'이 없다. 무슨 말인가? 상해교통대학의 예를 살펴보자.

(1) 2019년 9월 12일, 2019년 상하이시 '바이위란기념상(白玉兰纪念奖: 1989년 상하이시 정부가 설립한 대외 표창상으로 상하이시의 경제건설, 사회 발전과 대외교류에 특출한 공헌을 한 외국 국적의 인사에게 수여)' 수여식을 동방예술센터에서 개최했다. 수상자는 미국 NAE(National Academy of Engineering)의 멤버이며, 상해교통대학의 Norman R. Scott 명예교수(미국 코넬대학 생물과 환경공학과 명예퇴직 교수)이다.

(2) 2019년 9월 30일, 2019년도 중국정부 '우의'상(Friendship Award of Chinese Government) 수여식을 인민대회당에서 거행했다. 수상자는 중국과학원 외국 국적의 원사(院士)이며, 상해교통대학 석좌교수 Anders Lindquist 교수(제어 이론의 전문가)이다. 이 상은 중국 현대화의 건설, 개혁개방 사업 및 중국과 외국의 우호적인 교류와 협력에 중요한 공헌을 한 외국인 전문가에게 수여한다. 중국정부와 인민을 대표하여 리커창 총리가 수여했다.

(3) 2019년 10월 28일, 상해교통대학 리정다오(李政道)연구소의 초청으로, 노벨물리학상 수상자이고, NAS(National Academy of Sciences)의 멤버이며, 보스턴대학 Metcalf수학과 물리학의 Sheldon Lee Glashow 교수가 많은 학생들과 동료 교수들을 대상으로 'Science and Serendipity(과학과 기연)'이란 제목으로 강연을 하고, 열띤 질의응답

의 시간을 가졌다.

(4) 2019년 11월 5일, 상해에서 개최한 제2회 중국 국제수입박람회에 참석하고 있는 세르비아 총리 Ana Brnabić 일행이 상해교통대학을 방문했고, 학생과 교수들을 대상으로 열정적인 강연을 했다. 강연이 끝난 후에는, 세르비아 공화국 혁신과 기술 발전부 장관 Nenad Popovic와 상해교통대학 왕웨밍(王偉明) 부총장이 회담을 하며, AI 인공지능 등 각 과학 영역에서 광범위하면서도 심도 있는 교류 협력을 신행하기로 한다.

위의 사례들에서 보듯이 중국은 '종합국력'의 향상을 위하여 체계적 대학교육 시스템을 구축한 후, 그 위에 모든 국가적인 관심과 역량을 '과학기술'의 혁신과 발전이란 '하나의 공통된 목표'에 집중하는 강한 인상을 준다. 이런 중국의 '종합국력'의 청사진을 어떻게 이해할 수 있을까?

아킬레스와 거북이의 경주의 이야기로 유명한 '제논의 역설(Zeno's paradox)'의 관점에서 생각해본다. 이 경주에는 조건이 있다.

거북이는 아킬레스보다 100m 앞에서 출발하며, 아킬레스는 거북이 속도보다 10배가 빠르다. 그런데 희한하다. 아킬레스는 영원히 거북이를 따라잡을 수 없을 것 같다. 아킬레스가 있는 힘껏 100m를 달려

가면 거북이는 그보다 10m는 앞서 있을 것 같고, 그래서 아킬레스가 다시 있는 힘껏 10m를 달려가면 거북이는 그보다 1m는 앞서 있을 것 같고, 그래서 아킬레스가 그래도 점점 거리가 좁혀지고 있다는 희망적 생각에 최대한 힘 다해 1m를 달려가면, 거북이는 그보다 0.1m는 앞서 있을 것 같기 때문이다. 이러한 논리라면 10배나 빠른 천하의 아킬레스도 거북이를 결코 따라잡을 수 없다. 영원히.

'종합국력'을 놓고 중국이 미국과 경주를 한다고 가정할 때, 위의 논리로 생각하면, 중국은 미국을 영원히 따라잡을 수 없다. 미국이라는 '세계 시장'에 물건을 팔기 위해서는 그 '규격', 즉 과학기술이 빚어낸 '글로벌 스탠다드(Global Standard)'에 맞아야 하고, 그것을 충족하기 위해 후발주자인 중국은 부단히 노력하여 간신히 그것을 따라잡았을 때, 미국은 또 저기 얼마큼 앞서 있을 것이기 때문이다.

미국의 영원한 세계 1등의 전략 = 세계 최대 시장 + 과학기술

그렇다면 중국은 어디에서 미국을 이길 수 있다고 보고 있을까? '과학기술'만 받쳐준다면 실제 미국의 몇 배를 능가하는 14억 명 인구의 중국이 '세계 최대 시장'이 되는 것은 시간문제일 뿐이며, 만약 그럴 수 있다면 글로벌 스탠다드 또한 중국시장에서 형성될 수 있다

고 보는 것이 아닐까?

그렇다. '정지된 논리'가 아니라, 실제 부단히 움직이고 있는 동적인 '변화의 현실'에서 아킬레스가 거북이를 이길 수 있듯이 말이다. 마웨밍(马伟明)과 같은 과학인재를 중앙위원회 위원으로 발탁하여 '당 중앙'의 과학발전 '딩청셔지(顶层设计: Top-level design)'에 참여하도록 한다. 나이가 좀 어리면 어떤가? 능력 있는 젊은 과학자 왕보(王博) 교수에게 중국 명문 대학의 발전과 운영이라는 중책을 맡기기도 했다. 심지어 외국인 과학자면 어떤가? 첨단의 앞선 과학기술 배우고 중국의 종합국력을 향상시키는 데 도움이 된다면 오히려 그에게 상을 줘야 하는 것 이 아닌가!

이것이 중국이 '과학기술'을 중시하며, '대학교육'이 바로 그 선봉에서 중추적 역할을 맡고 있는 이유라고 생각한다.

승진의 예측*

중국 국가자연과학기금(NSFC: National Natural Science Foundation of

---

* 〈차이나랩〉 - N24 중국 대학의 생존과 경쟁력 확보는 '여기'에 달려 있다 (2019.11.28. 16:09)

China)은 국가와 과학기술부가 국가급 중장기적인 과학 연구와 기술 발전을 위하여 제정한 하나의 장기적 프로젝트 전략으로, 재정 지원을 통해 과학기술 인재 배양과 국가의 혁신 전략을 실시하여 전국적인 범위에서 양호한 연구조건, 과학기술 연구의 고등교육기관 및 연구자를 양성하는 것이 목표다.

중국의 어떤 대학이 NSFC로부터 얼마큼의 연구 프로젝트를 수주하고, 그 규모는 어느 정도인가? 이는 첫째, 그 대학이 국가의 과학기술 발전 및 전략에 얼마큼 공헌하고 있는가? 둘째, 그 대학 및 연구기관이 어느 정도의 과학기술과 연구 수준을 보유한 것으로 평가받는가를 단적으로 보여주는 중요한 척도이다.

예를 들어 2016년부터 2018년까지 최근 3년간의 NSFC로부터 수주한 각 대학별 연구 프로젝트 총액을 보면, 1위 칭화대학(약 21.1억 위안: 우리 돈 약 3,500억 원), 2위 베이징대학(약 19.6억 위안), 3위 상해교통대학(약 19.4억 위안), 4위 절강대학(약 17.7억 위안), 5위 중산대학(약 14.6억 위안), 6위 화중과기대학(약 13.8억 위안), 7위 복단대학(약 13.6억 위안), 8위 중국과학기술대학(약 12.4억 위안), 9위 서안교통대학(약 11.1억 위안), 10위 남경대학(약 10.3억 위안) 순이다.

국가의 이런 재정적 지원과 투입은 결국, ① 국가 과학기술의 발전과 ② 최고 과학인재의 배출과 양성에 초점을 두고 있다. 특히 후자와 관련해서 중국에서는, 원사(院士: Academician) 제도라고 한다.

이는 '중국과학원(中国科学院: Chinese Academy of Sciences)'과 '중국공정원(中国工程院: Chinese Academy of Engineering)', 이 양원의 원사를 통칭하는 말이다. 중국과학원은 1949년 11월에 성립하여, 중국 자연과학에서 최고의 학술기구라 할 수 있으며, 중국공정원은 1954년 1월에 '중국과학원 기술과학부'로 시작하여 마침내 1994년 6월 3일에 중국공정원이 성립한다. 중국공정(공학) 기술계에서 가장 영예로운 학술기구다.

중국과학원 원사, 중국공정원 원사라는 호칭은 특별하다. 이(理), 공(工)계 어떤 한 학과 영역에서 '딩젠(顶尖: Top Level)'의 과학자로, 일반적으로 원사라는 호칭은 중국 과학 학술계가 그 과학자에게 부여하는 '평생'최고의 영예로운 칭호이다. 또한 원사는 중국 행정직급으로는 차관급 대우를 받게 된다. 원사의 추가 선정은 2년에 한 차례 실시한다. 중요한 것은 전문가를 추천하거나 지명하는 것이 필요한데, 지명(nominate)될 수 있는 자격은 일반적으로 '국가과학기술진보상' 2등과 '자연과학상' 2등 이상의 수상자여야 한다. 지명을 받은 후에는 대개 세 차례에 걸친 엄격한 심사와 선거(투표)를 통해 원사를 선발한다.

중국의 어떤 대학이 원사(院士), '차관급 최고 과학인재'를 많이 확보하느냐는 곧 무엇을 뜻할까? 중국 내에서 그 대학의 객관적인 수준과 계급에 임팩트가 있는 영향을 줄 수밖에 없지 않을까? 대학의 입장에서 '국가과학기술상'을 얼마나 수상하느냐가 얼마나 중요하며, 그것은 곧 그 대학에서 몇 명의 '원사'(院士)를 배출할 수 있는가의 문제와 직접 연결된다. 대학의 생존과 경쟁력 확보가 여기에 달려 있다고 봐도 틀린 말이 아니다.

2019년 7월 12일,《국가 과학기술장려 조례실시세칙(国家科学技术奖励条例实施细则)》규정에 근거해 2019년도 국가과학기술상 초심 결과를 발표했다. 국가과학기술 3대상(①자연 과학, ②과학기술발명, ③과학기술진보)의 초심 결과를 보면, 1위 칭화대(총 13개), 2위 절강대(8개), 3위 상해교통대(6개), 4위 북경항공항천대(5개), 4위 화중과기대(5개), 4위 호남대(5개), 4위 중국의학과학원 북경'시에허(协和)'의학원(5개), 8위 대련이공대(4개), 8위 동남대(4개), 8위 복단대(4개), 8위 서안교통대(4개), 8위 중국농업대(4개), 8위 중남대(4개) 등의 순이었다.

그렇다면 중국의 국가건설 및 경쟁력 강화를 위한 과학기술의 정책과 제도적 시스템에서 '원사'는 실제 어떤 방식으로 작동하고 있는 것일까?

2019년 상하이 지역에서 '원사(院士)'의 배출상황을 살펴보자. 11월 22일에 중국과학원과 중국공정원에서는 2019년의 새로운 원사 명단을 발표했다. 양원에서 새롭게 원사로 당선된 인원은 총 139명이며, 그 가운데 상하이의 과학자는 11명이다.

중국과학원 원사(5명) 명단

① 판춘하이(樊春海,45세, 상해교통대)

② 마다웨이(马大为,55세, 중국과학원 상해유기화학연구소)

③ 스젠린(施剑林,55세, 중국과학원 상해규산염(硅酸盐)연구소)

④ 마란(马 兰,여성,60세, 복단대)

⑤ 주메이팡(朱美芳,여성,53세, 동화대)

중국공정원 원사(6명)

① 동샤오밍(董绍明,57세, 중국과학원 상해규산염(硅酸盐)연구소)

② 투샨동(涂善东,58세, 화동이공대)

③ 황전(黄 震,59세, 상해교통대)

④ 자오전탕(赵振堂,58세, 중국과학원 상해고등연구원)

⑤ 뤼시린(吕西林,64세, 동제대)

⑥ 쉬주신(徐祖信,여성,63세, 동제대)

　구체적 사례로, 상해교통대의 경우를 살펴보자. 11월 9일부터 11일까지, 중국 최고지도자 7인에 꼽히는 정국(正国)계급의 정치국상무위원, 국무원 부총리 한정(韩正)은 하이난(海南)을 방문하여 조사·연구하였다.

　하이난성 싼야시(三亚市) 서남부의 야줘만(崖州湾) 과학기술도시에서 관련 동영상과 전시물을 보고, 싼야시의 전체 발전 계획과 건설 현황을 보고받는 자리에서 상해교통대 총장 린종칭(林忠欽) 원사가 한정(韓正) 부총리와 직접 대화 교류한다.

여기는 상하이도 아닌데, 이런 교류가 어떻게 가능할까? 한정 부총리는 이곳에서 '심해(深海)' 과학기술산업의 발전을 통해서 해양강국으로 발전해야 한다고 했는데, 바로 상해교통대가 선박과 해양공학 분야에서 세계 일등을 자랑하고 있다.

이번에 새롭게 원사로 당선된 황전(黃震) 부총장은 어떤가? 그는 '전국정협위원(全國政协委員)'으로서, 일찍이 자신의 실험실에 미세먼지(PM2.5) 관측소를 설치했다. 2011년부터 국가가 미세먼지(PM2.5)에 관심을 갖고 중국의 공기 오염 문제를 종합적으로 해결할 방안을 찾아야 한다고 건의를 했다.

단지 우연일까? 지금 상하이를 포함하여 장강이 지나가는 장삼각 일체화발전 국가전략의 핵심 목표 가운데 하나가 바로 '녹색발전', '녹색 일체화' 사업이다. 자신의 과학적 연구성과와 정책건의를 통해서 상하이시를 포함한 이 일대 지역의 발전방향과 설계 및 그 방법에 직접 참여하고 있는 것이다.

이뿐인가? 11월 18일, 상해교통대 상무부총장 딩쿼링(丁奎岭) 원사는 내몽고 자치구 인민정부와 과학기술협력 MOU를 맺고, 내몽고의 경제발전과 과학기술의 발전에 상해교통대와 적극적으로 협력하기로 했고, 11월 25일에는 상해교통대 부총장 마오쥔파(毛军发) 원사는 학교를 방문한 한국연구재단(NRF) 홍남표 사무총장과 회견을 하고, 상호 협력 방안에 대해 교류했다.

정리하면 중국은 NSFC를 통하여 국가 과학기술 발전전략으로 총체적 지원과 설계를 하는데, 그 궁극의 목표 가운데 중요한 하나가 바로, '최고 과학인재'인 원사(院士)를 양성하는 것이다. 상해교통대의 사례를 통해서 확인할 수 있듯, 중국에서 원사는 최소한 각 지역을 대표하는 중점대학에 1명 이상이 있으며, 그 대학의 발전은 물론 지역의 발전을 견인하고, 나아가서 국가의 핵심 전략의 설계와 그 정책 방법 및 국제적 교류 협력을 적극 추동하는 데 핵심으로 작동한다.

다양한 문화[*]

중국 친구와 저녁을 함께하며 그 친구 고향, 광둥성에 대해 이야기가 나왔다. 잘 알려져 있다시피 '날아다니는 것은 비행기 빼고, 다리가 달린 것은 책상 빼고 다 먹는다'는 말로 유명한 광둥성은 원숭이, 뱀, 지네, 토끼 심지어 바퀴벌레까지 먹는다고 하는데 과연 실제 그럴까?

"바퀴벌레? 생각만 해도 징그러운데 어떻게 먹나?"
"근데 먹어보면 나름 맛이 있다."
"어릴 때부터 먹는 것이냐?"
"사실 잘 모르고 먹다보면, 또 그것이 맛이 있는 것을 알고 나면 자연스럽게 계속 찾게 된다. 그렇다고 모든 광둥 사람들이 다 그렇다는 것은 아니다."
"그럼 못 먹는 것이 뭐냐?"
"못 먹는 것이 있는 것이 아니라, 먹는 방법, 요리법을 몰라서 못 먹을 뿐이다."

---

[*] 〈차이나랩〉 - N8 광둥성 사람들 아직도 바퀴벌레를 먹는다고? (2019.4.18. 15:14)

특이한 것은 광둥 사람은 방향감각이 없다는 것이다. 중국 친구는 자신이 생각해도 그 부분이 독특하다고 말한다. 광둥 사람은 광둥 이외의 모든 지역을 '북쪽'으로 생각한다. 광둥에서는 동서남북의 개념이 없다는 말이다. 예를 들어 광둥에서 동쪽에 위치한 상하이도 북쪽에 있다고 여기며, 심지어 바다 건너 남쪽의 하이난다오(海南島)도 광둥의 북쪽에 있다고 여긴다고 한다.

이는 광둥 사람의 특성을 잘 보여주는 예이다. 광둥 사람은 '사물'을 보고 이해하는 데에 있어서 득히나 주관적이다. 물론 대부분의 사람들이 자신을 중심에 놓고 '타인'과 '사물'을 이해하는 '자기중심적'인 시각이 작용하기는 하지만, 중국 친구의 시각에서도 광둥 사람은 특히 객관적으로 사물과 나의 관계를 이해하고 인식하는 것에 상대적으로 매우 취약하다는 것이다. 광둥 사람은 주관적이다. 그 대표적 예가 바로 '동서남북'의 방향감각이 없다는 것이다.

또 광둥 사람은 주변 시선을 신경 쓰지 않는다. 이런 현상은 광둥 문화에도 영향을 준다. 그들은 주변의 시선을 크게 고려하지 않는다. 개혁개방의 선두주자 가운데 대표적 도시인 선전(深圳)에는 홍콩처럼 고층빌딩이 즐비한 매우 현대화된 도시인데, 흥미로운 점은 그냥 외적인 모양만 봐서는 그 사람이 부자인지 아닌지를 전혀 구분할 수 없다는 것이다.

사람들은 돈을 많이 벌면, 멋진 차를 구입하거나, 트렌디한 옷을 입거나, 음악 공연, 미술 관람 등 문화생활을 하는 데에 돈을 쓰기 마련이다. 그런데 광둥 사람은 그렇지 않기 때문에 오히려 부자임에도 너무 상식 밖으로 허름하게 옷을 입어서 깜짝 놀라는 경우도 실제 허다하다. 그들이 관심 있는 것은 몸에 좋은 음식과 매우 희귀한 고가의 물건이다. 나무나 돌 같은 것도 가치가 있다면 가리지 않고 오히려 그런 것을 수집하는 걸 좋아한다.

중국에서 가장 먼저 개혁개방의 '단맛'을 보았기 때문인지 광둥성의 교육 문화도 독특하다. 공부를 잘해서 반드시 좋은 대학을 가야 한다는 생각이 크지 않다. '공부를 못하면 어때? 우리 집에 공장이 서너 개가 있는데 뭐가 걱정이야? 공장에서 일하면 되는데….' 이렇게 생각한다는 것이다.

광둥성의 낮잠 문화를 살펴보자. 놀라운 점은, 아무리 기후와 문화적 관습의 영향일지라도 아직도 오전 근무는 8시부터 12시까지, 오후 근무는 2시 30분부터 5시 30분까지인 경우가 적지 않다. 관공서에서도 그런 경우가 있는데, 이는 오후에 쉬는 시간(낮잠)을 가져야 하기 때문이다.(2016년 7월 부터, 광둥성 관공서의 근무시간은 오전 8시 30분부터 12시, 오후 2시부터 5시 30분으로 조정되었다.) 이런 제도는 학교에도 적용되어 중·고등학교에서도 점심 먹고, 낮잠(쉬는) 자는 시간을 포함해, 오후 첫 수업은 3시에 시작한다고 한다.

문득 《삼국지》에서 유비가 제갈량을 '삼고초려'할 때 이야기가 생각난다. 동자(童子)에게 유현덕이 왔다고 선생께 전해달라고 할 때, 동자는 "선생님이 댁에 계십니다만, 지금 초당에서 낮잠을 주무시고 계십니다(今日先生雖在家, 但今在草堂上晝寢未醒)."라고 말한다.

지금이 어느 시대인가? 하지만 일종의 이런 '낮잠(晝寢)'의 관습은 중국의 여느 다른 도시와는 좀 구별되는 광둥성만의 특징이라 할 수 있다. 그래서 중국의 '가오카오(대학입학시험)'를 볼 때는 어떤지 궁금했다. 시험 시간에는 당연히 오후 낮잠 잘 시간을 따로 배정하지 않기 때문에 생기는 문제는 없는지 궁금했다. 광둥의 수험생들은 평소에 낮잠을 자는데, 그 시간에 시험을 치면 졸리지는 않을까? 아니나 다를까. 그래서 광둥의 학교에서는 대학입학시험을 앞두고 약 한 달 전부터 집중적으로 낮잠 자는 시간을 조정하는 훈련을 따로 한다고 한다.

광둥에서 일자리를 얻으려면 광둥어를 할 수 있어야 한다. 언어에도 광둥성만의 독특한 요구가 있다. 도시가 현대화되고 발달하다 보니 자연스럽게 주변 지역에서 일자리를 구하기 위해 많은 사람들이 이곳으로 들어오는데, 심지어 아르바이트를 구하는 경우에도 그들에게 한 가지 요구되는 자격 조건이 있다. 광둥어인 '粵语'를 할 줄 알아야만 한다. 중국 표준말인 '普通话'만 해서되는 일자리를 구할 수 없다.

덩샤오핑 개혁개방의 상징적인 행보였던 '남방담화(南方谈话)'를 살펴보자. 그 남방의 대표적인 지역인 광둥성과 그 안의 선전, 주하이(珠海) 등 현대화된 도시들이 여럿 있지만, 현대적으로 앞서나가는 동시에 전통적이며 원시적인 형태의 문화도 고스란히 간직하고 있는 곳이 또한 광둥이다.

그런데 놀랍게도 이곳은 오래전부터 바다를 통해 아랍과 대외개방의 교류를 해온 곳이며, 남쪽에 바다가 있고, 주변 지리적 환경이 큰 산에 둘러싸인 외부와 교류가 단절된 폐쇄적 지형도 아니라는 점이다. 그럼에도 나름의 자기중심적 시각을 계속 견지하며 그것에 자부심을 갖고, 또 역설적으로 꽤 주관적이면서도 주변의 시선으로부터 크게 영향 받지 않는 자신의 색채를 뚜렷하게 갖고 있다는 점은 놀랍다.

이것이 어떻게 가능한지 단정할 수 없지만, 일각에서는 중앙집권 체제 중심의 중국의 오래된 역사에서, 내륙의 영향으로부터 남쪽으로 가장 멀리 떨어진 광둥이 상대적으로 중앙의 권력적 통제가 쉽게 미칠 수 없는 환경이기에 비교적 '자유로운' 생활방식이 가능했던 것은 아닌지 유추해볼 수 있다. 동시에 상하이와는 또 달리 '이민도시'가 아니기 때문에 이곳의 원주민은 자신의 독특한 지역적, 관념적, 역사적 전통의 문화적 자부심을 뿌리내려 살면서, 세대를 거듭하며 전승할 수 있었던 것은 아닐까?

중국을 한 마디로 정의내릴 수 없다. 중국의 매력은 또 중국 굴기의 강력한 힘은 어쩌면 이처럼 알면 알수록 중국을 더 모르겠다는 것에서 찾을 수 있을지 모른다. 한 마디로 또 한 단어로 쉽게 중국을 정의내릴 수 없다. 그래서인지 《도덕경 1장(道德经·1章)》에서 말하는 '도를 말하면 더 이상 도가 아니다(道可道, 非常道)'라는 말이 유명한 것인지도 모르겠다. 중국이 딱 여기에 해당하는 것 같다.

혹자는 이렇게도 말한다. "중국 사람도 정작 중국을 잘 모른다. 그래서 중국을 잘 아는 사람에게 노벨상을 줘야할지 모른다."

중국을 쉽게 단정하여 말할 수 없는 이유는, 실은 중국이 가지고 있는 그 이면의 '문화적 다양성'이 공존하고 있기 때문이며, 바로 이것이 어떤 형태로든 중국 경쟁력의 큰 바탕으로 작용하고 있다는 점을 지적하지 않을 수 없다.

혁신적 경쟁 *

중국의 교육 정책은 인재정책이다. 국가적 관점에서 볼 때, 특히 중국의 교육정책은 바로 '인재정책'이면서 동시에 '국가발전의 전략적 차원'에서 접근할 수 있다. 덩샤오핑 시기(1977년)에 '가오카오(대입

---

* 〈차이나랩〉 -N9 '학과도 세계 일류로' 중국 경쟁력의 원천은 무엇? (2019.4.30. 16:29)

시험)'가 부활했고, 장쩌민 시기에는 세계일류대학 건설을 위한 '985 정책'을 제시했고, 후진타오 시기에 '211정책'을 시행했다.

이러한 기초 위에서 시진핑 정부는 '쌍일류(双一流)' 정책을 이야기하며 대학만이 아니라, 학과도 세계일류의 수준을 갖추는 방향으로 나아가고 있다. 대학을 다시 학과별로 쪼개서 세계 일류의 학과 수준을 지향하고 있다.

사실 이 목표만 가지고는 특이한 점이 없다. 어느 나라나 세계일류 대학의 건설과 최고 수준의 학과 건설을 바라지 않을 곳이 없기 때문에 그 정책을 제시하는 것만으로는 특별한 것이 없다는 말이다. 그렇기에 흥미로운 점은 이런 중국의 교육정책이 실제 학교 현장에서 어떤 현상으로 나타나고 있고, 반성과 대응방안을 찾고자 하는 노력에 바로 중국경쟁력의 원천이 있다고 보는 것이다.

대학과 학과의 세계일류를 지향하는 현 '쌍일류(双一流)' 정책의 시행에서 이전과 다른 것은 대학의 순위만 평가지표로 제시되는 것이 아니라. 학과, 나아가 중국 내의 주요한 학술지에 그 학과의 어떤 교수가 몇 편의 논문을 발표(수량)했고, '피인용지수' 등을 통해 그 학과의 교수들까지 순위를 매겨 평가한다는 점이다. 그리고 그 순위를 공개적으로 발표한다. 학과의 특성상, 논문 발표하는 것이 상대적으로 중요하게 다뤄지지 않을 것만 같은 '체육학'도 예외가 아니라고 하니 충격적이다.

사회과학을 전공하는 학자들은 사회현상에 대한 좀 더 면밀한 관찰과 깊은 분석을 통해서, 사회문제를 여러 각도에서 조명하고 그 문제를 해결할 수 있는 '과학적 방법'을 근본적으로 고민하고 그 해법을 내놓아야 하는데, 현실은 그러기 이전에 먼저 컴퓨터와 씨름을 해야만 한다.

어떤 의미에서는 사회와 소통하지 못하고 단절된 채, 컴퓨터를 제일의 '첫 번째 독자'로 삼고, 그를 설득하기 위한 '고독한 논문 쓰는 기계'로 전락하고 마는 것이다. 난일한 결론을 도출하기 어려운 '경험'과 '교류'는 소홀하기 쉽고, 명확하게 답이 떨어지는 '이성'과 '논리'에만 편중되는 경향이 있다.

이공계는 다른가? 더 심하면 심했지, 결코 덜하지 않다. 어떤 문제들이 지적되고 있는가? 예를 들어, 2018년 9월부터 11월까지 이 3개월 동안에만, 중국학자가 1,000편이 넘게 발표한 국외의 SCI학술지 수는 27개이다. 물론 그렇지 않은 경우도 있지만, 학술지에 논문을 발표하기 위해 필요한 '게재료'와 '언어윤색' 등을 포함하면 대략 26억 위안이 논문발표를 위해 지불되고 있다는 것이다. 그렇기에 그런 연구결과물을 국내잡지에 발표해야 한다는 중국 내 요구가 실제로 많지만, 이왕이면 연구결과물을 국외의 저명한 학술지에 발표해야만 더 인정받는 중국 학술계의 풍토를 간과할 수 없다는 점도 분명하다.

그런데 주목해야 하는 것은 '이것이 다가 아니라'는 점이다. 앞에서 이야기한 것 같은 상상 이상의 피 튀기는 처절한 경쟁시스템의 방식 이외에, 인재의 발굴, 배양과 흡수를 위한 중국 교육경쟁력 제고를 위하여 필요한 특수한 요구들, 그것을 만족시키기 위한 다른 관점과 유연한 방법도 시도하고 있다.

이런 시도는 중국 스스로의 '학과 이론체계'의 건립과 '자기 평가시스템'의 구축을 위한 탐색과 노력으로 나타나고 있다.

첫째, '국제관계 이론'에서 중국학파의 관점에서 접근하려는 시도다. 이것은 시진핑 정부 들어서 더욱 두드러지고 있는 현상이다. 중국이 개혁개방 이후 G2에 오른 지금, 국제문제에서 중국의 '지혜'와 '방안'을 적극적으로 제시할 필요가 있으며 과거 서양의 전통적·이론적 접근만으로는 한계가 있음을 지적하는 '이론적 시도'다. 여기에는, '합일(合一)'을 궁극의 목표로 삼는 중국의 사상과 문화에 대한 요소를 이론체계로 적극적인 수용과 융합의 시도를 보이는 경향이 있다.

둘째, '시안자오퉁-리버풀대학(西交利物浦大学: Xi'an Jiaotong-liverpool University)'에서 4월 27일 발표한 대학평가는 기존의 것과 달리 중국 국내 대학 약 140여 개를 대상으로 과학적 연구성과를 순위에 반영하는 것을 완전히 배제하고, 학생교육 중심의 차원의 질적 기준을 토대로 대학 순위를 발표한다. 전통의 명문대인 상해교통대학,

절강대학, 중국런민대학, 푸단대학(1위부터 4위까지)을 제외하고, 베이징대학(19위), 칭화대학(31위)을 기록하여 과학적 연구성과가 특출한 대학이 반드시 학생의 배양 및 교육적 차원에서의 질과 반드시 일치하지 않을 수도 있음을 보여준다.

성과의 존중[*]

2020년 경자년 새해가 밝았다. 새날이 오면 누구나 새로운 각오와 마음으로 계획을 세우고, 새로운 목표를 향해 정진한다. 중국 학생들 특히 이른바 '공부의 신'이라 불리는 '쉐바(学霸)'들은 어떤 목표를 세울까? 말할 필요 없이 공통된 목표는 '명문대' 진학일 것이다. 그런데 중국 명문대에 대한 학생과 학부모들 사이의 인식에도 세월의 흐름에 따라 또한 미묘한 변화가 발생하고 있다.

　명문대의 가장 확고한 기준 가운데 하나는 대입시험 합격 커트라인이다. 그래서 전통적으로 중국 수도 베이징의 최고 명문대 두 곳인 칭화대와 베이징대, 경제의 중심지로 통하는 상하이의 최고 명문대

---

[*] 〈차이나랩〉-N27 중국 Top5 대학: 칭화대, 베이징대, 절강대… 그리고? (2020.1.7. 18:37)

두 곳인 복단대와 상해교통대 이렇게 네 학교를 합하여 순서대로 중국의 최고 4대 명문대 '칭베이푸지아오(清北复交)'로 부른다.

그런데 세계대학평가 순위의 발표 등과 같이 중국 이외의 국제기관에서 다양한 지표를 통해서 대학을 평가하는 방법이 적용되면서 다른 대학들도 명문대의 반열에 오르게 되었다. '칭베이화우(清北华五)', 즉 칭화대와 베이징대 외에 상하이를 포함한 화동 지역의 5개 대학인 복단대, 상해교통대, 절강대, 중국과기대, 남경대가 중국 3위의 자리를 놓고 치열한 각축을 벌이며 최고 명문대 반열에 오르게 되었다.

하지만 요즘에는 이를 다르게 구분하여 중국 Top5 대학으로 '칭베이저지아오푸(清北浙交复)' 즉 칭화대, 베이징대, 절강대, 상해교통대와 복단대를 꼽기도 한다.

이것은 무슨 의미이며, 왜 이런 세간의 인식과 평가가 등장하는지 살펴보자. 일단, 중국 Top5 대학으로 '칭베이저지아오푸(清北浙交复)'를 말하는 근거를 살펴봐야 한다. 첫째, 중국의 42개 세계일류건설 대학(='A류'36개 대학+'B류'6개 대학) 가운데, 대학순위 평가나 사회적 명성 등 어떤 측면에서 봐도 최고 중 최고로 인정받고 있다. 좀 더 공신력 있는 근거는 2017년 12월 28일, 중국교육부의 '학위와 대학원생 교육발전센터'에서 발표한 제4차 전국 학과(学科) 평가 결과에 기초한다.

여기서 중요한 것은 각 대학이 A급(A+, A, A-) 학과를 얼마나 보유하고 있는지가 중요한데, 칭화대, 베이징대, 절강대의 경우 35개 이상의 A급 학과를, 또 상해교통대와 복단대는 각각 20개 이상의 A급 학과를 보유한 것으로 평가받았기 때문이다.

여기서 한 가지 짚어야 할 점은 이것이다. 1978년 총 88개의 국가중점대학으로 시작한 프로젝트가 '211'과 '985'를 거치면서 국가전략적 차원에서 관리하는 총 대학수는 137개로 늘었다. 또한 '쌍일류(双一流)'에 해당하는 세계일류건설 대학 42개 가운데 'A류'에 속하는 36개 대학은 '985' 프로젝트에 참여했던 대학이며, 'B류'에 해당하는 6개의 대학은 경제적 낙후된 상황과 지역적 대표성과 균형발전의 안배를 반영한다(요녕에 동북대학, 허난 정주대학, 운남의 운남대학, 호남의 호남대학, 샨시의 서북농림과기대학, 신장의 신장대학). '985' 프로젝트와 '쌍일류(双一流)'의 큰 차이점은 정부가 '대학' 중점에서 좀 더 개별 '학과(学科)' 중점 차원으로 주된 지원과 평가 방식의 전환을 꾀하고 있다는 점이다. 따라서 대학별 성공의 승패가 여기에 달려 있다고 해도 과언이 아니다.

중국정부가 '쌍일류(双一流)'에서 더욱 초점을 맞추고 있는 것은 "어떻게 양질의 학과(学科)를 실제 건설할 수 있을까"다. 2018년 11월, 중국의 교육당국이 이 목표의 달성을 위하여 설정한 키워드가 '진커(金课:금열매)'이다.

'금(金)'과 '과(課)'자로 결합된 이 단어에서 성과를 열매에 비유한다면 그 열매는 빛나는 '금'일 것이며, 그 열매는 다시 '학과'를 구성하는 구체적인 하나하나의 교육과정(敎育課程)이라는 나뭇가지에서 열릴 수 있다는 점을 시사한다.

'커탕(課堂)' 즉 교실에서부터 프로페셔널한 교육이 이뤄지지 않는다면 '금'이라는 열매는 애초에 열릴 가능성이 없다. 교실 수업의 효율을 끌어올리기 위하여, 온라인과 오프라인의 가능한 모든 방법을 통하여 실험과 실습 그리고 필요하다면 경진대회 형식까지도 연계한 혁신적 수업방식을 요구하며, 이공계 학과별 교차응용에 어떻게 인문사회학적 과정을 함께 녹아낼 수 있는지 등에 대한 탐색도 진행하고 있다. 2019년 5월에는 '진커(金課)'를 만들자는 목표로, 베이징에서는 '제2회 중국 대학과정교재(大學課程敎材)보고 포럼'을 개최했다.

앞에서 수험생들의 명문대 진학에 관한 '기대'와 국가의 전략적 발전차원에서 교육당국으로서 정부가 대학들에 어떠한 '요구'들을 하고 있는지 살펴보았다. 그렇다면, 정작 이런 기대와 요구를 받아들어야만 하는 '사회적 환경' 속에서, 중국의 대학들은 어떠한 '꿈'을 꾸고 있을까?

상해교통대의 사례

(1) 2019년 12월 10일, 상해교통대 첸쉐썬(钱学森)도서관은 중국 항공항천의 아버지로 불리며, '양탄일성(兩弹一星)'에 혁혁한 공을 세운 첸쉐썬의 탄생 108주년을 기념하기 위하여 '선택—첸쉐썬의 초심과 신앙'이라는 주제의 전람회 개막식을 거행했다. 이 행사에서는 교통 대학 시절의 첸쉐썬이 나라사랑과 과학기술을 통하여 조국에 보답하겠다는 초심이 형성된 중요한 시기라는 점에 주목했다. 대학 시절의 그의 인식, 선택, 성장 그리고 대중이 그를 어떻게 인식하고 있는가에 조점을 맞춰서, 2020년 4월 26일까지 관련 시리즈 전람회 행사를 진행했다.

(2) 2020년 1월 2일, 호남성 두쟈하오(杜家毫) 서기(19대 중앙위원)는 창샤(长沙)에서 상해교통대 장쓰셴(姜斯宪) 서기 일행을 만나 좌담을 했다. 1월 3일, 창샤시(长沙市)와 상해교통대학은 전면적인 전략적 협력에 관한 협의서를 체결했다. 양측은 '산업사슬(industrial chain)', 현대농업, 의료의학, 항공항천, 문화산업, 지방거버넌스 싱크탱크, 과학기술플랫폼, 인재의 유치와 양성 등 전면적인 협력을 진행하기로 하였다. 이 협약식에는 창샤시(长沙市)부서기 후종슝(胡忠雄)시장, 창샤시부서기 주젠(朱健), 창샤시부시장 치우지싱(邱继兴)이 참석하였고, 상해교통대학은 장쓰셴(姜斯宪) 서기, 상무부총장 딩퀘링(丁奎岭) 원사, 부총장 마오쥔파(毛军发) 원사가 참석하였다.

(3) 2020년 1월 3일 오후, 선전시(深圳市)정부와 협력하여 상해교통

대 선전연구원을 건설하기 위하여, 상해교통대 총장 린종친(林忠欽) 원사가 이끈 학교 방문단은 선전시(深圳市) 서기 왕웨중(王伟中), 부시장 왕리신(王立新), 시부비서장 정샹라이(曾相莱)등 리더들의 따뜻한 접대를 받으며 예방했다.

왕웨중(王伟中) 서기는, 선전은 지금 중앙으로부터 위에강아오다완취(粤港澳大湾区) 즉, 광동-홍콩-마카오만 지역 건설과 중국특색의 사회주의 시범구 건설이라는 이 중차대한 두 가지 사업을 함께 드라이브를 걸어야 하는 역사적 기회의 시기로서, 혁신발전을 도시발전의 주도적 전략으로 삼고, 경쟁력·혁신력·영향력이 탁월한 세계적인 도시를 건설할 계획이라 말했다. 이 과정에서 양측은 상호 우세한 점을 보완하여 '윈윈'할 수 있는 개방적인 시야로 과학기술 연구개발, 싱크탱크 건설, 인재양성 등의 효과적 협력으로 선전시의 두 사업을 건설하는 데에 힘 있게 뒷받침할 수 있다고 말한다.

(4) 2019년도 중국의 국가자연과학기금(NSFC)에 선정된 연구프로젝트와 그 연구비의 규모 등이 최근 발표됐다. 그 통계 결과(연구프로젝트 수와 프로젝트의 연구비 합산)에 따르면, 1위 상해교통대(1,253개 프로젝트/ 80,987만 위안/ 한화 약 1,361억 원), 2위 중산대(1,029개/ 54,698만 위안), 3위 절강대(901개/ 67,775만 위안), 4위 복단대(777개/ 54,796만 위안), 5위 화중과기대(769개/ 46,762만 위안) 순이다.

상해교통대학의 위의 몇 가지 사례를 통해서 확인 가능한 '대학의 꿈'은 바로 이것이다. 대학이 한 국가의 한 사회의 한 지역의 맹주로서 그 자리에 그대로 머물러 있으면 안 된다. '고인 물'은 썩기 마련이다. 늘 새로운 시장을 개척하고 새로운 소재를 발굴하며 새로운 인재의 양성을 위한 탐색과 시도를 해야 한다. 이를 통해 배움의 너비가, 배움의 길이가, 배움의 깊이가 더 커진다. 창조적 결과물은 부단한 그 상호작용의 과정 속 어딘가에서 잉태될 수 있을지 모른다. 그리고 첸쉐썬(钱学森)처럼, 과거 훌륭한 탁월한 업적을 남긴 위대한 과학자의 성과와 정신을 기리며, 그 과거를 현재에 계승하면서 동시에 그에 안주하지 않고 철저한 혁신적 방법을 통하여 최고의 연구성과에 도전을 하면서, '가보지 않은 미래의 새로운 길'을 대담하게 열어내는 일, 그것이 '큰 배움'의 본령으로써 '대학(大学)'이 실현하고자 하는 '꿈'이다.

국력의 상승[*]

---

[*] 〈차이나랩〉 - N18 세계 대학 랭킹 100위, 베이징·칭화대말고 더 있다고? (2019.9.5. 11:31)

최근 몇 년의 중국 대학 발전의 추세를 보면, 어떠한 세계대학평가순위를 가져다 보아도 공통적인 결과가 있다. '칭베이(清北: 칭화대와 베이징대)'가 중국 내 최고대학으로 계속 선정된다는 점이다. 또 그 아성이 좀처럼 무너지지 않을 것으로 보인다. 너무도 공고하여 중국 내 다른 대학에게는 마치 '넘사벽'으로 느껴지는 것이다.

하지만 이런 상황은 역설적으로 새로운 발전의 동력이 되기도 한다. 중국에서 과연 어떤 대학이 이 벽을 깰 수 있을 것인가? 가능하다면 그런 방법은 무엇일까? 이런 측면에 대하여 대학관계자들뿐만 아니라, 세간의 관심 또한 집중되고 있다.

예를 들어보자. 중국 교육부가 2018년 결산데이터를 발표한 후에, 75개의 교육부 직속의 대학들도 2019년 8월에 2018년의 결산을 발표했다. 칭화대(1위), 절강대(2위), 베이징대(3위), 상해교통대(4위), 중산대(5위), 복단대(6위), 화중과기대(7위)순으로, 이 대학들은 모두 100억 위안(한화 약 1조 6,000억 원) 이상의 항공모함급 대학들이다.

그런데 놀랍게도 절강대가 베이징대보다 학교에 돈이 더 많은 대학이라는 사실이다. 이런 근거를 들어 혹시 절강대가 베이징대를 누르고 중국 내 대학 TOP2로 오르는 것이 아닌가라는 이야기를 하는 경우도 있다. 중국 대학 가운데 전통의 4대 명문, '칭베이푸자오(清北复交: 칭화대, 베이징대, 복단대, 상해교통대)' 중 상해교통대와 복단대를 합병하면 칭화대를 능가할 수 있지 않을까?

　사실 이런 대학순위 경쟁에서 더욱 중요한 점이 있다. 그것은 단순히 누가 누구보다 더 순위가 높은가에 대한 숫자 위주의 순위 경쟁이 아니다. 실제 그 순위에 맞는 '실력'을 갖추고 있는지, 그런 자신의 실력을 객관적으로 검증하기 위해 그 순위가 참고자료로 활용될 수 있는지, 그 순위 지표가 '자기 평가의 체계'가 될 수 있는지가 더 중요한 것이다. 사람의 심리상 이런 비교를 통해 순위 경쟁을 하는 것 자체에 관심이 쏠리는 것은 막을 수 없다. 하지만 그 자체에 함몰되어 정작 진정한 실력을 배양하는 데 소홀하면 안 된다. 그리고 개별 학교 간 경쟁의 관점을 떠나서 국가의 관점에서 보면, 이렇게 치열하게 경쟁하는 대학들이 사실은 '한 팀(One Team)'이라는 점이다. 바로 이것을 위하여 경쟁이 필요한 것이다.

　중국의 '종합국력(Comprehensive National Power)'을 지탱하고, 향상시키는 데 있어서 대학의 역량은 매우 중요한 구성 부분이다. 단순히 우리 대학이 몇 등이냐가 아니라, 어떻게 등수를 매기는지, 우리가 또 국가가 부족한 것은 무엇인지, 어떻게 평가할 것인지, 어떤 평가 체계를 확립할 것인지, 부족한 부분은 메우고 잘하는 것은 더 살려서 더욱 발전하는 데에 평가가 필요한 이유다. 이 부분에 맞춰서 중국이 하고 있는 '대학순위평가'를 다시 생각해보자.

　'롼커(软科)세계대학학술순위(ShanghaiRanking's Academic Ranking of World Universities, 약칭 ARWU)'는 중국 국가급 연구프로젝트로서,

2003년부터 중국정부로부터 권한을 받아 매년 한 차례 상해교통대고등교육연구원 세계일류대학연구센터에서 발표한다(2009년부터는 상하이 '롼커'(軟科)교육자문회사가 상해교통대ARWU연구프로젝트를 승계하며, 결과발표 및 모든 권리를 행사한다).

ARWU는, 영국의 〈THE(Times Higher Education)〉가 발표하는 세계대학순위, 영국의 〈QS(Quacquarelli Symonds)〉가 발표하는 세계대학순위, 미국의 〈USNews〉가 발표하는 세계대학순위와 함께 공인된 권위 있는 4대 세계대학평가 순위이다.

이 '세계대학학술순위(ARWU)'는 세계의 대학을 범위로, 처음으로 종합적인 측면에서 실시한 세계대학순위이며, 2003년 처음 그 결과를 발표한 후, 2019년(8월 15일)까지 17번 발표했다. 이 순위는, 6개의 객관적인 지표를 통해서 세계대학들의 순위를 산출한다.

① 상을 받은 동문(노벨상과 필즈상 등)

② 상을 받은 교수(노벨상과 필즈상 등)

③ 높은 피인용 학자(각 학과 영역에서 피인용된 수가 가장 높은 학자의 수)

④ N과 S 논문 수(NATURE와 SCIENCE학술지에 발표한 논문 수)

⑤ 국제논문(SCIE와 SSCI에 수록된 논문 수)

⑥ 교수평균값(상술한 5가지 지표에서 득점한 교수평균 값)

119

2003년부터 시작한 이 세계대학학술(ARWU) 순위를 중국의 대학들에만 한정하여 검토하면, 눈여겨볼 만 한 대목이 있다. 2016년에 들어서야, 칭화대와 베이징대가 함께 세계 100위 대학 안으로 진입을 한다는 점이다. 그리고 2년 후인 2018년에 절강대가 세계 100위 안으로 진입하고, 2019년 8월 15일 발표한 순위에서 상해교통대가 처음으로 세계 100위 안에 진입하는 것을 알 수 있다. 2019년 세계대학 100위 안에 들어간 중국 대학은 칭화대(국내1위, 세계43위) 베이징대(국내2위, 세계53위) 절강대(국내3위, 세계70위) 상해교통대(국내4위, 세계82위) 순이다.

다른 '세계대학평가순위' 〈THE〉, 〈QS〉, 〈USNews〉와 비교할 때, 이 중국 상해교통대의 '세계대학학술 순위(ARWU)'가 갖는 가장 큰 특징은 평가항목이 모두 수치화할 수 있는 객관적 지표로만 구성된다는 점이다. 평가자의 주관적 요소가 철저히 배재된다. 중국의 평가기관이 시행하는 것인데, 모든 요소가 객관적 지표로만 이뤄진다는 사실은 어떤 점에서 의외라고 생각할 수 있다. 이런 까닭에 세계적으로 영향력과 권위가 있는 '세계대학평가순위'로 손꼽힌다.

상해교통대의 예를 살펴보자. ARWU의 객관적 지표와 평가순위를 바탕으로 학교의 이공계에서는 국제학술지(SCI)등의 논문발표 외에, 이공계 연구성과들이 더욱 혁신과 응용의 측면(가령, 특허 출원 등)으로 나아가는 것을 중시해야 한다. 중국 과학기술계에서 난점으로 불리는 문제들을 해결하는 데에 기여하는 것, 이론들을 질적인 연구성과로 전환하여 실제로 중국의 과학발전에 공헌해야 한다. "이제는 양보다는 질"이라는 생각이 향후 교수평가에 적극적인 반영을 예고한다.

사회과학 분야에서도 마찬가지다. 2019년 7월 24일 오후, 상해교통대 학교계획발전처 위신리(余新丽) 부처장(副处长)은 국무학원(국제관계와 공공사무학원의 약칭)의 요청을 받고, 〈국무학원의 학과 분석과 세계학과 순위평가(国务学院学科分析与世界学科排名)〉의 제목으로 전문 보고서를 발표했다. 이 발표에서는, 국무학원의 '공공관리학'과 '정치학', 이 두 학과를 집중적으로 그 기초와 발전 상황을 전면적으로 분석했다. 이 보고서에서 학원은 적절한 조치를 채택해서, '높은 질량(high quality)'의 학술논문으로 질을 끌어올리고, 협업을 통한 연구와 국제적인 협력을 통한 논문의 수량과 비율을 증가시켜야 한다는 점을 강조한다.

또한, 학술적 명성을 중시하고, 세계의 저명 대학들과의 실질적인 교류협력, 세계 일류대학의 연구기관들과의 협력을 강화해야 한다. 더욱 많은 교수들이 영향력이 큰 국제회의에 참가하고, 국제적으로 중요한 학술사무에도 적극적으로 참여하여 국제적인 학술 영역에서의 지명도를 높이는 것을 장려한다.

생각해볼 만하다. 단순히 저명한 외부의 평가기관으로부터 '내가 몇 등인가'를 평가받는 차원에서 벗어나 높은 순위를 받았다는 데에 만족하는 것을 넘어서, 그러한 평가지표를 고려하여 거꾸로 내가 '상대'는 물론 '자신의 민낯'까지도 평가할 수 있는 과감한 '자기 평가체계'를 만들어야 한다.

'종합국력(Comprehensive National Power)'의 향상의 측면에서, 대학이 학교 자신의 발전은 물론 국가의 발전에도 공헌하는 길이란 점을, 중국의 상해교통대학 '세계대학학술 순위(ARWU)'를 통해서 알 수 있다.

기록물 관리[*]

2004년 중국인민대학에서 어학 연수할 때다. 시험 시즌이 아닌데도 빈 강의실이 없이 빼곡하게 자리한 학생들은 자신의 전공을 공부하기에 바빴다. 교수님 소개로 베이징대에 방문했을 때는 수업 시간에 열띤 토론을 하는 수강생들의 모습에 놀랐다. 2005년 칭화대에서는 밤 11시 중국 기숙사가 소등이 된 후 건물을 나와 가로수 등 아래서 영어책을 중얼거리듯 소리 내며 읽는 학생들을 보고 "그래, 중국 경

---

[*] 〈차이나랩〉 - N21 중국 경쟁력의 원천, 바로 이것? (2019.10.16. 17:34)

쟁력의 원천은 바로 이것이다!"라며 고개를 끄덕일 수 있었다.

2019년은 '신중국(新中国)'이 성립된 70주년이 되는 해이다. 서구 열강이 무력으로 할퀴고 간 자리를 회복하여 영토 주권의 토대 위에서, 1978년에는 대담한 개혁개방의 총 설계를 시작했던 중국을 보며 누가 상상이나 했겠는가? 중국은 2010년 이후부터 GDP 규모로 일본을 누르고 G2로 부상했다.

사실 중국 하면 먼저 떠오르는 것은 '공자(孔子)'의 나라이다. 공자 하면 《논어(论语)》를 논하지 않을 수 없다. 《논어》의 첫 장은 바로 공부에 관한 것이다. 〈학이(学而)〉편의 구절에서 다음과 같이 말한다.

學而時習之, 不亦悅乎?
배우고 때때로 그것을 익히면, 또한 기쁘지 아니한가?

배운다고 달달 외우기만 해서는 안 된다. 남의 것을 그냥 가져오기만 해서도 안 된다. 물어야 한다. 그리고 그 궁금증을 해결하기 위해 배운 것을 시간 날 때마다 틈틈이 이렇게 또 저렇게, 실제 사례에 적용하는 실천을 통해서 이제 내 몸에 익숙해진다. 가장 '최적화된 상태'로서 내 것이 된다. '외부'의 것을 '내 것'으로 만드는 과정, 내 것으로 소화시키는 것이 '학습(学习)'이다. 학습은 중국 역사를 종과 횡으로 '일이관지(一以贯之)' 관통하는 키워드다.

대학은 어떤 노력을 하는가에 대한 답은 명백하다. 결국 우수한 학생자원을 선발하고, 집중 양성하며, 국가사회 발전에 공헌하도록 하는 것으로 귀결된다.

우선, 발 벗고 나서야 한다. 2019년 9월 6일, 복단대학 쉬닝(許宁) 총장은 '복단대 2019 본과생 개학식' 행사에 참석한 '상해고등학교(上海中学)' 등 유수의 고등학교 교장들과 좌담의 시간을 가지면서 복단대학은 현재 '쌍일류(双一流 : 세계일류대학과 세계일류학과)' 건설을 위하여 전력을 다하고 있으며, 또한 우수한 인재들을 양성하고 복단대로 보내주셔서 고맙다는 인사를 전한다.

베이징대와 칭화대는 2018년부터 각각 '수학 영재반'을 증설하여, 수학에 탁월한 실력을 보이는 학생들을 시험을 쳐서 미리 대학에 입학하게 한다.

대학에 들어온 학생들은 어떤가? 절강대의 경우에, 정식으로 '중-프 수학영재반'을 가동한다. 파리종합이공학원(에콜 폴리테크니크) 등 프랑스의 최고의 대학들과 손을 잡고, '혁신정신'과 '글로벌시야' 및 '다국적 언어'를 구사할 수 있는 미래의 수학자를 양성하기로 합심한다. 2020년부터 매년 약 15명 우수한 본과생을 선발하여 프랑스에 파견할 예정이다. 절강대에서 3학년까지는 중-프 연합으로 개설한 전공과정 수업을 듣고, 4학년 때 프랑스 대학에 가서 약 2~3년을 공부하며 석사학위를 받는다.

박사과정에 있는 학생들을 살펴보자. 2019년 9월 29일 오후 상해교통대에서는, 상해교통대의 걸출한 동문이자, 중국에서 국제적 인공지능 영역에서 선구적 역할을 하고 있는 과학자 우원쥔(吳文俊) 선생의 이름을 따서 명명한 '상해교통대 우원쥔(吳文俊) 인공지능 명예 박사반'을 정식으로 가동한다. 이는 일명 인공지능계 엘리트 박사시범반으로서, 상해교통대는 '전자정보와 전기 공정학원'에 인공지능 본과 전공과목을 개설하여, 본과부터 박사연구생까지 양성할 수 있는 과정이다. 본과에서는 인공지능 관련 기초이론의 학습과 배양을 중점으로, 대학원 과정에서는 실제 산업현장의 최전선의 내용에 대하여 중점적으로 탐색할 수 있는 플랫폼을 제공한다.

중국에서 '학습(学习)'의 중요성은 여기서 그치지 않는다. 중국의 최고지도자 25인의 그룹 회의인 중공중앙정치국회의에는 '학습'을 매우 중시하는데, 국가 주석이 참석하는 자리에서 중대 전략과 정책 등을 결정할 때, 전체가 함께 토론하고 학습하는 '집체학습(集体学习)'을 개최한다. 관련 분야의 최고 전문가를 연사로 초청하여 강연의 형식으로 관련 문제에 대한 설명과 해설을 들은 후 상호토론과 질의응답을 한다. 시진핑 주석의 18대에는 이미 43차례의 '집체학습(集体学习)'을 진행한 바 있다(예를 들면, 2016년 12월 9일 주제는 "중국 역사상의 법치와 덕치"였다).

이것이 다가 아니다. 어쩌면 더 중요한 문제가 남아 있을 수도 있다. 인재를 양성하기만 하면 뭐 하는가? 인재의 누수와 낭비가 있어서는 안 된다. 또 그 인재가 어디 있는지 제대로 파악해야 할 필요는 없을까?

중국 대학들은 '당안(档案)'이란 것을 두어 학생에 대한 종합적 관리를 한다. 우리나라를 살펴보면 대학 졸업 후 각자 이력서를 써서 기업에 지원을 하지만, 중국은 그런 개인적 포트폴리오 관리 영역 외에, 학교에서 학생에 대한 '당안(档案)'을 관리한다. 만약 학교 규정을 어겨 처벌을 받은 경우가 있다면 그런 내용도 '낭안'에 들어간다. 그가 직장(특히 국가기관)에 들어가면 그곳으로 '당안'을 보내고, 승진 등의 심사를 할 때에도 매우 중요한 기초자료로 활용된다. 공무원 시험 등을 볼 때는 더 말할 필요 없다.

물론, 이런 '당안'은 오직 한 부만이 존재하며, 밀봉된 부분을 개봉하거나 어떤 이유로든 뜯으면 당안의 내용을 수정한 것으로 보고 폐기처분한다. 그리고 대학을 졸업한 후, 직장을 얻지 못한 상태로 2년이 지나면 그 학생 본인의 원적지가 있는 '당안관(档案馆)' 인력자원과에 '당안'을 송부하여 보관하게 한다.

신중국 성립 70주년이 지난 오늘날 중국의 국력이 부단히 성장하고 있는 것은 '학습(学习)'을 중시하는 사회적 전통과, 인재를 그 무엇에 앞서 중시하고 양성하며 치밀하게 관리하고 나아가 그 인재의 적극적인 활용에 있다. 한 사람의 탁월한 능력은 결코 그 사람 혼자

만의 것이 아니라는 사회적 인식과 분위기가 이를 용인하며 뒷받침한다.

특히, 중국에서는 누군가 뛰어난 자질과 역량을 가지고 있다는 것만 확인된다면, 중국은 그를 결코 포기하지 않을 것이다. 마치 흙 속에 가려진 '원석(原石)'을 발견하는 것처럼 말이다. 어쩌면 내가 국가를 찾기 이전에 그보다 먼저 국가가 나를 찾을지도 모른다. 왜냐하면 인재는 매우 소중한 국가자원이기 때문이다.

5

'실사구시[實事求是]'의 방법으로
검증된 지역인재를 중앙정부 간부로,
글로벌인재를 국가급 브레인으로

충분히 검증된 인재

'실사구시적'으로

인재의 양성[*]

2019가오카오(高考:대학입학시험) 성적이 발표되면서, 학생들은 대학 입시에 열을 올리고 있다. 무엇보다 졸업 후 진로 등 자신의 미래가 달린 일이기에 대학선택에 더 신중할 수밖에 없다.

이런 현상은, 학생들 관심이 '세계대학종합평가순위'뿐만 아니라, 더 세밀하게 대학들이 발표한 'SCI/SSCI논문 대학순위(중국과학원 1위, 중국과학원대학 2위, 상해교통대 3위, 절강대 4위, 칭화대 5위, 베이징대 6위, 푸단대 7위)', 심지어는 현재 대학들의 '순자산순위(칭화대 1위, 베이징대

---

[*] 〈차이나랩〉 - N14 장려금·감금까지…우수한 인재 유치 열 올리는 중국 대학 (2019.7.10. 9:59)

2위, 절강대 3위, 상해교통대 4위, 중산대 5위, 푸단대 6위, 동지(同濟)대 7위 등)'
까지로 확대되고 있다.

정작 대학의 입장에서는 어떨까? 중국에서는 생원이라고 하는데, '生源(학생자원)'이 제일 중요하다. 지역별로 가오카오 성적이 우수한 학생들을 본교로 등록시키기 위하여 각 학교는 교수를 중심으로 지역별 조를 편성해 파견하고, 그 학생 및 학부모와 전화로 접촉하는 것은 물론 면담을 갖고 '报考(대학응시)'를 권한다.

상해교통대 국제와공공사무학원의 2020년 대학원생 모집을 올해 지역별로 파견하기 위한 일정표를 작성한다. 본과생 우수학생을 모집하기 위하여 조를 구성하고 파견하는 것도 이와 유사하다.

인재 모시기는 중국 최고 명문 '칭베이화우'도 예외는 아니다. 흥미로운 사실은 중국 최고의 명문 '칭베이화우(清北華五)'도 결코 예외가 아니라는 점이다. '삼고초려'의 전통인가? 대학은 인재를 기다리는 것이 아니라, 직접 찾아가서 면담하고 모셔(?)오려고 한다.

2019가오카오 성적이 나온 후 상해교통대 국제와공공사무학원의 원장이 직접 중국 지방 모 지역의 우수학생을 찾아 면담하는 일에까지 발 벗고 나서는 실정이다.

최근에는 과열현상도 나타나고 있는데, 절강대의 예가 대표적이다. 한 '성(省)'에서 100등 안에 드는 학생이 절강대에 응시하면 위안 50만 위안(약 8,500만 원)의 장려금, 300등 안에 드는 학생이 응시하면

20만 위안(약 3,500만원)의 장려금을 지급한다. 이에 교육부에서 즉각 시정을 요구하는 공문을 발송했고, 일각에서는 대학이 돈이 있다고 해서 국가가 투입한 국유자산의 돈을 '구현(求賢)'을 한다는 명목으로 쓰는 것이 타당한지에 대한 비판도 있다.

베이징대를 살펴보면, 저장성의 유일한 장원(狀元, 타 지역과 달리 동점자가 없는 상황)을 잡기 위하여, 먼저 이 지역으로 내려가 부모와 접촉하고, 타 대학과 일체 접촉하지 못하게 감금(?)한 후에 등록시켰다는 소식도 있다.

언뜻 생각할 때, '칭베이화우(淸北華五)'는 중국 명문대로서 좀 느긋해도 중국 각 지역 인재들이 알아서 찾아올 것 같은데, 학생을 유치하려는 경쟁은 상상을 초월할 정도로 심한 측면이 있는 것인가. 인재를 모시는 경쟁을 넘어 가히 인재를 둘러싼 쟁탈전이라고 해도 과언이 아니다. 도대체 왜 그런가?

중국지도자 = 중국 명문대+화동 지역

대학입시제도 '가오카오(高考)'는 1977년에 부활했다. 덩샤오핑 이후로, 역대 중국의 최도지도자 장쩌민, 후진타오, 시진핑 주석을 보면 하나의 법칙을 발견할 수 있다. 중국 최고지도자 = '중국 명문대 + 화동 지역'의 법칙. 이것은 무슨 뜻인가?

장쩌민은 화동 지역인 '장쑤성' 출신에 '상해교통대'를 졸업하고,

상하이시 서기를 역임하고 국가주석직에 오른다. 후진타오는 역시 화동 지역인 '안후이성' 출신에 '칭화대'를 졸업하고, 타 지역(贵州, 西藏)의 서기를 역임하고 국가주석직에 오른다. 시진핑 주석은 비화동 지역인 산시(陝西)성 출신에 '칭화대'를 졸업하고, '화동 지역'인 저장성(절강성) 서기와 상하이시 서기를 역임한 후에 국가주석직에 오른다.

이는 ① 화동 지역 출신이 명문대를 나온 경우(장쩌민, 후진타오)와 ② 비화동 지역 출신이 명문대 나와 화동 지역에서 인정(시진핑)을 받고, 국가주석직에 오른 경우다. 덩샤오핑 이후 장쩌민, 후진타오, 시진핑 주석은 '화동 지역'과 연고를 가지며 '중국 명문대'를 나온 공통점이 있다. 이것이 덩샤오핑 이후 중국의 최고지도자가 되는 일종의 공식이다.

흔히 정치는 베이징, 경제는 상하이라고 말하는데, 중국의 최고지도자는 화동 지역(특히, 상하이)을 거치지 않으면 안 된다는 것을 알 수 있다. 다시 말해, 화동의 지역에서 인정을 받는 것이 곧, 중국 국가 최고지도자로 향하는 '엘리트 코스'라는 사실이다. 왜 화동 지역 상하이를 '화룡점정(畵龍點睛)'이라고 하는지 이해가 된다. 아니 이제부터는 화룡의 '畵'를 화동의 '華'자, 중화의 '華'자로 바꿔 써도 되지 않을까?

이것이 전부는 아니다. 장쩌민 이후부터 시진핑 주석에 이르기까

역대 상하이시 서기

- **장쩌민(江澤民)** 1987년~1989년 상하이시 서기 역임. 화동 지역 장쑤 (江蘇)성 출신, '상해교통대'를 졸업. 국가주석직에 오름.

- **주룽지(朱鎔基)** 1989년~1991년 상하이시 서기 역임. 비화동 지역 후난 (湖南)성 출신. '칭화대'를 졸업. 국무원 총리직에 오름.

- **우방궈(吳邦國)** 1991년~1994년 상하이시 서기 역임. 화동 지역 안후이 성 출신. '칭화대'를 졸업. 전국인민대표대회(전인대)상무위원장직에 오름.

- **황쥐(黃菊)** 1994년~2002년 상하이시 서기 역임. 상하이에서 출생했 으나 원적은 화동 지역 저장성 출신. '칭화대'를 졸업. 정치국상무위원 직에 오름.

- **천량위(陳良宇)** 2002년~2006년 상하이시 서기 역임. 화동 지역 저장 성 출신. 해방군공정학원을 졸업. 부패스캔들로 2006년 정치국위원직 을 정지당함.

- **시진핑(习近平)** 2007년 상하이시 서기 역임. 비화동 지역인 산시(陝西) 성 출신. '칭화대'를 졸업. 국가주석직에 오름.

지 역대 상하이시 서기를 살펴보자.

천량위(陳良宇)를 보면 예외 없는 법칙은 없다고 하지만, 분명한 사실은 '상하이시 서기(上海市委書記)'는 최소한 국가급 반열인 '부국 (副國: 정치국위원)'에서 직책을 잘 수행한다면, 14억 명의 인구 가운데 두 손바닥 안에 들어가는 국가 최고지도자 반열인 '정국(正國: 정 치국상무위원)'의 위치까지 직행하는 중국 최고지도자 코스라고 할 수 있다.

미래의 중국 최고지도자 배출을 위한 쟁탈전

대학의 입장에서, 특히 '화우(華五: 상하이의 푸단대, 상해교통대, 장쑤성의 난징대, 안후이성의 중국과학기술대, 저장성의 절강대)' 입장에서 볼 때, 우 수한 '生源(학생자원)'은 곧, 미래의 중국 최고지도자의 배출을 예약 하는 첩경이라고 할 수 있다. 국가에 공헌한다는 측면에서 이보다 더 큰 학교의 명예와 자부심이 또 어디에 있겠는가!

'칭베이화우(淸北華五)'라고 하는 '칭화대', '베이징대' 그리고 화 동의 5개 명문대의 중국 전역의 치열한 우수학생 모시기 작업은 현 재만이 아닌, 어쩌면 예약된 미래의 중국지도자를 향한 쟁탈전인지 모른다.

인재의 발탁*

---

* 〈차이나랩〉-N4 중국판 'SKY' 칭베이화우, 그들은 왜 전국에 퍼져있는가? (2019.2.18. 10:54)

중국도 우리의 SKY처럼 명문대를 가리키는 말이 있다. '칭베이화우 (清北华五)' 혹은 '칭베이화우커런(清北华五科人)'이다. 칭화대, 베이징 대, 화동 지역의 5개 대학(푸단대, 상해교통대, 절강대, 중국과학기술대, 난 징대)에 베이징 런민대를 포함한다.

중국에서도 가오카오(高考:대학입학능력시험)에 대한 열기가 대단 하다. 실제 2018년 가오카오에 응시한 975만 수험생들의 입학성적 결과(대학별 입학난이도를 반영)평가에 따르면, 베이징의 칭화대(1위), 베이징대(2위), 화동 지역의 상해교통대(3위), 푸단대(4위), 절강대(5 위), 중국과학원대학(6위), 인민대(7위), 중국과기대학(8위) 순서다.

대학입시 가오카오의 과열 현상과 관련해 중국에는 이런 말이 있 다. '树欲静而风不止(수욕정이풍부지: 나무는 흔들리지 않고자 하지만, 바람 이 멈추지 않는다)'. 이는 모두가 일 점이라도 더 획득하여 명문대로 진 학하기 위하여 치열한 경쟁을 멈추지 않는 사회적 환경에서, 오직 나 만 홀연히 입시에 초연할 수는 없다는 뜻이다.

가오카오는 과거 전통적 유가사회의 과거시험에 해당한다. 여전 히 '관(官)'을 근본으로 삼는 '관본위 사회'의 중국에서, 가오카오는 국가 주요기관의 고위직으로 향할 수 있는 첫 관문인 셈이다. 그렇 기에 출생지 혹은 호적을 속이고 타 지역으로 이민(?)을 해서라도 가 오카오를 보는 마오지(冒籍)현상이 사회 문제로 대두되기도 한다.

중국인들은 이와 같은 가오카오의 과열현상에 대하여 일반적으로 다음과 같이 생각한다.

人往高处走

水往低处流

사람은 높은 곳을 향하여 가며, 물은 낮은 곳을 향하여 흐른다.

신분상승을 향한 인간의 욕망과 노력은 어쩌면 지극히 당연한 것이다. 누구나 다 추구하는 것으로 본능적인 것에 가깝기 때문에 그것을 탓할 수는 없다. 그런데 중국의 가오카오 정책에서 우리와 조금 다른 점이 눈에 띈다. 중국의 명문대를 칭하는 '칭베이화우(清北华五)'라는 단어에서 그 점을 확인할 수 있다. 칭화대와 베이징대를 제외한 5개 명문대학은 중국의 수도인 베이징에 있지 않다. 화동 지역인 상하이 2개(푸단대, 상해교통대), 저장성 1개(절강대), 안후이 1개(중국과학기술대), 난징 1개(난징대) 이렇게 분포한다. 이를 보면 지방에 소재한 대학들의 영향력이 크다는 것을 알 수 있다.

명문대가 수도에만 집중해 있지 않다는 사실은 어떻게 가능한가? 덩샤오핑은 1977년 대학입시 가오카오 정책을 부활시킨다. 지역적으로 인재를 고루 분배하기 위한 지역할당제 즉, 대학(학과별)정원을 지역적으로 안배하는 방식은 덩샤오핑의 가오카오 정책에도 계승된다. '분서갱유'로도 묘사되는 문화대혁명을 거치면서 자행된 대입정책(당에서 추천을 하여 대학에 입학)은 폐지된다.

덩샤오핑은 각 지방에 더욱 많은 인재양성권과 선발권을 부여할 수 있게 하여, 지역별 가오카오 입학시험을 치를 수 있게 한다. 각 지방의 여건에 따라서 시험문제를 달리 낼 수 있다. 총점도 다르다. 중국 가오카오에서 중요한 것은 내가 본 시험에서 '몇 점'을 맞았는가가 아니라, 내가 시험을 본 지역에서 '몇 등'을 했냐는 것이다.

그럼 어떤 현상이 생기는가? 각 지역의 1등은 있다. 하지만 누가 전국의 1등인지는 알려고 해도 알 수가 없다. 그리고 인재가 지역별로 고루 섞일 수 있다. 자신이 시험 본 지역에서의 등수가 중요하고, 또 시험문제지가 다르기 때문에 칭화대, 베이징대에 입학한 학생이라고 해서 반드시 어떤 지역의 중점대학에 입학한 학생보다 더 뛰어나다고 단정할 수는 없다. 자연스럽게 우수한 학생들을 한 줄로 세울 수가 없으며, 전국적으로 '흩트리는 효과'가 발생한다. 그리고 대학에서 그들이 다시 경쟁하게 만든다. 학생 스스로 경쟁하지 않을 수 없는 것이다.

우수한 인재들이 각 지역의 중점대학에 입학을 할 수 있는 여건을 만들어 준 다음, 그 대학들에 중국정부는 집중적으로 투자하여 그 대학을 거점으로 삼아 지방의 인재를 육성할 수 있는 기반을 갖추게 된다.

각 대학들은 각기 자신들의 사정에 따라 대학에 적합한 인재를 양성하기 위한 특성화된 프로그램을 운영한다. 상해교통대를 살펴보자. 상해교통대에서는 이공계 최고 성적의 학생들을 특별 관리하는 '쯔위안학원(致远学院)'을 운영하고 있다. 학생들에게 노벨상 수여자 등 국제적으로 저명한 교수진들로 구성된 특강을 통해 수업을 진행하는 엘리트 인재 양성 프로그램이다.

국가는 중점적으로 육성할 대학을 선정해 지원한다. 물론 전국의 주요 대학을 망라한다. 대표적으로, '211공정'은 1995년 국무원의 승인으로 시작된 것으로 21세기를 맞아 국가의 중점대학 100여 대학을 건설한다는 계획이다. '985공정'은 1998년 5월 제3세대 최고지도자 장쩌민 주석이 베이징대학 100주년 개교기념일에서 발표한 것으로 국내의 약 30여 개의 대학을 세계일류대학으로 건설하겠다는 취지를 가진다.

'211공정'과 '985공정'은 지역적 안배와 각 대학의 실질적 연구 수준 등을 종합적으로 평가하여 선정한 후, 그에 따라 정부의 막대한 재정적 지원이 이뤄지고 있다. 통상 학생과 학부모들 사이에서는, '985공정'에 속하는 약 30여 개 이상의 대학을 중국 명문대학으로 손꼽는다.

인재의 활용*

미국과 중국의 무역전쟁이 쉽사리 해결되지 않고, 오히려 심해지고 있는 상황 속에서 중국에서는 "이럴 때일수록 우리가 할 수 있는 일에 더욱 매진해야 한다."는 목소리가 들린다.

그 중 하나가 바로, '과학기술의 혁신과 발전' 부문이다. 2014년 5월 시진핑 국가주석이 상하이를 방문하며 현지조사 할 때에, 명확하게 제시한 요구사항이다. 하루 속히 상하이가 글로벌 영향력을 가진 '과학기술 혁신센터'가 되어야 한다는 것이다. 당시 정치국위원('副國'계급)인 한정(韓正) 상하이 당서기는 그 후, 상하이시 정부가 그것을 실현하기 위한 조사 연구와 방법을 모색한다.

2015년 1월 말, 그는 '상하이 글로벌 과학혁신센터' 건설을 상하이시 정부의 2015년 1호 과제로 선포한다. 한정 서기는 2017년 19차 당대회에서 중국 국가를 대표하는 최고지도자 7인 중 한 명인 정치국상무위원('正國' 계급)이 된다.

'상하이 글로벌 과학혁신센터' 건설과 관련한 성공적인 '로드맵'과 그 '성과'가 충분히 뒷받침될 것으로 예상되지 않는다면 생각하기 어려운 일이다. 단적인 예로 2019년 5월 25일, 상하이시과학학연구소

---

* 〈차이나랩〉 - N11 질주하는 中 과학 기술 특별한 비결이 있다고? (2019.5.29. 11:18)

가 Springer Nature(세계최고의 과학기술 출판사)에 의뢰해 발표한, ⟨2019 '이상적인 도시' 글로벌 과학기술혁신도시 분석보고서⟩에 따르면, 뉴욕, 샌프란시스코, 베이징, 상하이, 동경, 파리, 서울, 베를린, 토론토, 시드니, 모스크바 등 20개 나라의 과학기술혁신센터 도시에 대하여, 2012년부터 2017년에 발표된 학술성과를 통계를 내고 분석한다.

첫째, 중국도시의 과학혁신 능력이 빠른 속도로 증가하며 대표 도시로 베이징, 상하이, 선전, 홍콩을 꼽는다. 둘째, 상하이는 2016년에 막 10위권 안에 진입해서 2017년에 7위로 노약한다. 셋째, '베이징과 상하이'를 잇는 '과학기술혁신의 축'은 이제 동아시아 지역에서 미국에 대응되는 것으로 굴기하고 있다는 평가다. 중요한 것은 국가 과학기술의 발전은 결코 과학기술자만의 몫만은 아니라는 점이다.

과학기술자는 연구성과를 통해서 실력을 입증하면 그에 따른 대우를 받는다. 특이한 점은 자신의 선택에 따라, 행정직을 통해 얼마든지 향후 '정치지도자'의 길로 나갈 수도 있는 여지가 있다는 점이다. 과학연구자의 길이 결코 실험실 안에만 국한되지 않고, 진로선택의 폭이 넓다는 것은 바로 우수한 인력들이 과학계 쪽으로 몰릴 수 있는 가능성을 한층 더 열어준다. 그럼 덩샤오핑의 개혁개방 이후의 지금은, 이 같은 중국의 과학정책 결정 및 과학기술자 양성이 어떤 방식으로 발선하는가?

핵심은 이것이다. 과학기술 영역의 '고급두뇌'에 대한 정책적 지원과 의사결정 과정에서 그들이 적극적으로 참여할 수 있게 하는 방안을 '제도화'하는 것, 시스템을 구축하는 문제로 귀결된다.

당중앙과 국무원은 국가의 중장기적인 목표를 수립하고, 그 방향과 실행을 위한 가이드라인 성격의 문건으로 확정하고 나면, 다시 그것을 구체적으로 현실화할 수 있는 세부방안을 중앙의 각 부처인 '과학기술부(과기부)', '국가발전과 개혁위원회(발개위)', '공업과 정보화부(공신부)'에 분배하여 연구하도록 한다. 그 후, 자신들의 정책과 필요가 정확하게 연결되는 각 개별 단위로 다시 세분화해서, '지방정부' 및 각 '대학 혹은 연구기관들'에 전달해 그들 사이에 경쟁을 붙여 시행하도록 한다.

이것은 '分级制(분급제)'인데, 즉 기관별 급을 나눠서 진행하는 방식이다. 대학 및 연구기관에서 접하게 되는 연구과제의 관점에서 거꾸로 보면, '국가급 과제(국가자연과학기금)'가 있고, '교육부 과제(중앙정부)'가 있고, '성급 과제(상하이시 정부)'가 있고, '학교 과제(본부에서 각 학원별로 제공하는)'가 있다.

하지만 '분급제'라고 하여 행정상 가장 하위에 속하는 '대학 및 연구기관'이 지방정부에 예속되는가 묻는다면 꼭 그렇다고 볼 수는 없다. 왜냐하면 '국가급 과제'를 통해서 직접 중앙과도 교류할 수 있는 채널이 있고, 동시에 지방정부의 과제에도 참여할 수 있기 때문이다.

중국의 시스템에서 특히 눈여겨볼 필요가 있는 것이 있다. '내참

(內參)'이라는 내부참고 문건이다. 중국의 모든 정책결정은 중앙에서 내려오는 것 같지만, 사실상 오직 정책결정자의 능력만 가지고는 고도로 전문화되고 있는 과학기술의 영역을 터치하기란 거의 불가능에 가깝다. 그럼 어떻게 해야 하는가?

1986년 3월 3일의 예를 들어보자. 중국과학원 원사 4명(王淦昌, 王大珩, 陈芳允, 杨嘉墀)은 공동으로, 당중앙에 세계의 전략적 과학기술을 따라갈 수 있도록 중국의 하이테크의 발전을 가속화해야 한다는 건의를 세출한다. 이를 덩샤오핑은 고도로 중시하고, "이 일은 과난성 있게 결단하고, 미룰 수 없다"고, 직접 '批示(서면으로 의견 표시)'한다. 이것은 곧 그 보고서의 건의가 채택됐음을 뜻한다.

그 후 반 년 안에 당중앙과 국무원은 200여 명의 전문가를 조직하여 과학기술의 발전전략을 연구배치하고, 세 차례의 엄격한 과학적 기술논증을 거친 후에 〈하이테크 연구발전 계획개요〉를 수립하는데, 이것이 곧 '863' 계획의 개요다.

이런 내부참고 문건인 '내참'을 올릴 수 있는 것은 어떻게 가능하나? 두 가지 기제를 알아야 한다. 첫째, 신화사(新华社)이다. 중국의 국가통신사로서, '신화사내참'은 그 정보가 갖는 보안의 성격에 따라 '극비', '기밀', '비밀' 이 세 등급으로 구분하여, 각기 중앙과 지방의 관련 리더들에게 제공된다. 신화사는 국내에 전국적으로 베이징, 상하이 등 31개의 '분사(分社)'와 대련, 칭다오 등 12개의 '지사(支社)'를 두고 있다.

둘째, 중국의 모든 과학기술과 관련한 정책은 사실상 중국과학원이 컨트롤타워로서 역할을 한다. 또한 중국과학원 '과학기술정책과 관리과학연구소'에서 발전전략, 개혁정책, 공공관리 등을 담당한다. 그리고 중국과학원은 다시 전국적으로 각 지방에 12개의 분원(베이징, 상하이 등)과, 112개의 과학연구소, 130개 이상의 국가급 중점실험실 등을 갖추고 있다.

말하자면, 과학기술 방면의 '내참'만 생각한다면, 이와 같이 전국적으로 분포하고 있는 과학 연구단위에서 비록 중앙의 정치지도자와 친분이 없다고 하더라도, '신화사내참'의 방식을 통해서 얼마든지 관련 성과와 정보소식을 전달할 수도 있으며, 또 이를 총괄적으로 중국과학원이 총체적으로 맡고 있다고 볼 수 있다.

마지막으로, 일반 및 신진 연구 인력의 경우에도 자신의 연구성과와 정책적 건의를 담은 보고서를 과제의 급에 따라서, 지방정부는 물론 중앙정부에 제출하면, 시스템 상에서 자신의 보고서가 실제 어느 선까지 보고가 됐고, 실제로 어떤 리더가 보았는지 확인할 수 있으다. 고위급의 중요한 리더가 확인하고 실제 정책으로 채택하는 데에 도움이 된 경우에는, '批示'를 통해서 그 상황을 실제 연구자 본인과 그가 속한 연구단위에 직접 통보한다. 중국 과학기술은 지금 이런 시스템으로 발전하고 있다.

나오며

국가의 작동원리에 관하여

'신'중국은 건립 후 아편전쟁 등으로부터 비롯하여 철저하게 몰락했
던 국가를 재건하기 위해서 무엇보다 선진적인 수준의 '과학기술'이
필요했다.

마오쩌둥 시대에는 무엇보다 국가가 다시 '일어서기(站起來)' 위
해서 국방의 강화가 필요했고, 덩샤오핑 시대에는 개혁개방을 통하
여 '부유한(富起來)' 경제건설이, 현재 시진핑 시대에 이르러 '강해진
(强起來)' 국가를 달성하기 위해 과학기술이 필요하다. 이를 위하여
순차적으로 해야 할 일은 우선 해외에 있는 우수한 인재를 고국으로
불러오고, 그 다음으로 국내에서 그런 인재들을 양성하기 위한 대학
을 건립하고, 대학입시인 가오카오를 부활하는 일이었다. 그리고 또

대학을 통해서 본 국가의 작동원리

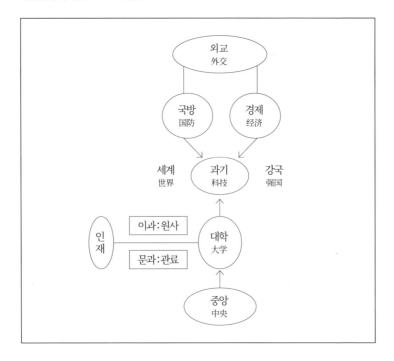

필요하다면, 외국의 우수한 인재들 또한 충분히 흡수하여, 국력을 상승하는 데에 적극 활용한다('聚天下英才而用之'_시진핑).

하지만 이런 국가건설에서 중국의 진짜 숨은 비결은 여기에 있다. 중국 수천 년의 역사에서 뿌리 깊게 형성된 '관본위(官本位: 관직을 근본으로 삼고, 귀한 것으로 여기는)'라는 관념적 토양에, 어떻게 하면 '물성(物性)' 즉, 사물의 본질 그 자체에 주목해야만 하는 '과학기술' 공부에 매진할 수 있게 할 수 있을까? 답은 오히려 간단한 측면이 있다. 그 둘을 결합하면 된다. 즉, 순수하게 '과학기술'을 연구한 사람도 그가 원한다면 '관직'에 나갈 수 있는 길을 열어주면 될 일이다. 그것은 과학기술의 연구성과가 국가의 전략적 발전에 공헌하는 정도에 따라서 '관직'에 나가고 또 '승진'할 수 있게 하는 것. 이것이 중국 '원사'(院士)제도를 통하여 필자가 발견한 중국의 작동원리라고 할 수 있다.

국가건설(国家建设) = 성관(升官) + 과학기술(科技)

요컨대, '관본위' 중국의 사회문화적 토양을 완전하게 부정하거나, 해체하는 방식이 아니라 그것을 나름대로 인정하는 위에서, 국가의 발전을 위한 전략적 필요를 만족시킬 목적으로 새롭게 '과학기술'을 '관직'과 연동시키는 방법으로 설계한 것이다. 결과적으로는 '국가'도 발전할 수 있으며, 동시에 그에 공헌한 과학연구자 '개인'도 만족할 수 있는 '상생(相生)'의 방법이다. 이는 최종적으로, 그 과학기술의 성과로 인한 혜택은 일반 '국민' 모두가 받을 수 있는 시스템이다. 중국의 국가발전을 위한 작동원리는 바로 이와 같은 시스템을 통하여, 신중국의 건립 이래 시대변화와 무관하게 '종합국력'(Comprehensive National Power)'을 부단히 상승시키는 동력으로 '일이관지(一以贯之)' 한다.

감사의 말씀

들어가는 말_ 국가 재건을 위한 탐색

우연한 기회였다. 한국행정연구원 행정연구관리실장 김윤권 박사님의 요청을 받아 공동연구원 자격으로 대외경제연구원의 중국과제인 2018년 〈중국 반부패의 제도와 정책에 관한 연구〉에 관한 집필을 수행하던 중이었다. 필자가 맡은 집필 파트의 마지막을 고민하던 중, 불현듯 집중하여 마음속에서 나온 생각들을 수필 형식으로 글을 쓰다 한 편의 글이 나왔다. 나는 이것을 〈역사적 맥락에서 본 중국의 '반부패' 문제: 2018.12.11.〉라는 제목을 붙였다. 비록 미흡한 글이지만, 그저 중국에 대한 나의 생각을 교류하고 싶은 마음에 중앙일보 중국연구소 한우덕 소장님과 '위챗'으로 연락했다. 소장님께서는 따뜻하게 맞아주셨고, 이 글을 통해 〈차이나랩〉과 연결하여 협력하는 계기가 됐다. 참고로 이 글은 〈차이나랩〉에 소개하여 발표하지는 않았지만, 김윤권 박사님께서 이 글이 좋다고 판단을 하셨는지 중국과제에는 보고서 형태에 맞게 수정 및 보완의 편집을 거친 형태로 수록됐다(《경제·인문사회연구회 중국종합연구 협동연구총서》 18-67-04: 김윤권 외, 〈중국 반부패의 제도와 정책에 관한 연구〉, 대외경제정책연구원, 2018, p544-550).

이 글은 〈차이나랩〉과 처음으로 인연을 맺게 된 결정적 계기이며, 이를 기초로 '국가 재건'의 관점에서 중국을 접근한 기획의도가 녹아 있다고 판단하여, 수정과 보완을 거치지 않은 최초의 오리지널 형태를 여기에 특별히 소개한다. 그렇게 2018년 말부터 시작하여 2019년과 2020년 4월까지 약 1년여의 시간 동안 2주에 한 번씩 '중국은 왜 강한가?'라는 하나의 큰 주제를 설정하고, 대학의 관점에서 평소 관찰하고, 동료교수 및 학생들과의 경험적 교류와 관련 이론을 접목하면서 접근하는 방법을 통해 총 34편의 칼럼을 발표했다. 이 책은 그 34편 가운데 16편을 선별하여 엮은 작은 성과이다.

이 글에서 탐색하는 내용을 '국가 재건'이라고 말할 수 있는 까닭은, 제국이었던 청나라가 어찌하여 아편전쟁 하나로 그토록 허망하게 '몰락'의 길을 걸어야 했고, 그럼에도 어찌하여 신중국을 건국할 수 있었으며, 건국 이후에는 또 다시 개혁개방을 거치면서 이제는 '일대일로'까지 주창하면서 새롭게 국제 정치 중앙의 무대로 등장하는가를 이야기할 수 있기 때문이다. '몰락'했던 나라가 다시 일어나, '강국'으로 전환할 수 있는 그 과정이 곧 '국가 재건'의 여정이라는 부인할 수 없는 현실을 보면서, 과연 그 저력은 어디에서 나오는지 묻지 않을 수 없었다. 철저하게 바닥까지 떨어졌다 다시 일어설 수 있는 것이야말로 진정으로 '강(强)'하다는 증거가 아닌가? 그것도 '자기(自己)'의 힘으로 말이다. 이런 근본적이고 철학적인 질문을 던지지 않을 수 없었다. 이런 물음에 답하기 위하여, '국가를 재건한다(re-Build up)'는 가설을 세우고 중국을 내부적 관점으로부터 그 작동원리를 조명하고, 실제 국가 거버넌스 작동의 중요한 구성단위인 '대학(그 가운데에서도 특히 내가 근무하고 있는 상해교통대의 구체적 사례)'을 중심에 놓고, 그 중앙-지방정부-기층조직으로 이어지는 정책과정의 프로세스를 확인하고, 검증할 수 있는 방법을 통해서 작업을 진행했다.

한 마디로, 반식민지 상태로까지 몰락했던 청나라 말기에서 신중국의 건국을 통하여 새로운 강국으로 대전환할 수 있는 그 저력의 원천에서 핵심적 요소는 '인재+과학기술'이다. 만약 이런 핵심적 요소를 표면적 측면이라 할 수 있다면, 다시 이를 밑바닥에서부터 자신있게 추동할 수 있는 '내적 자신감'은 중국의 철학적 사상의 발로에서 찾을 수 있다는 확신을 가질 수 있었다. 그것은 자신이 지금 당면한 급박한 문제가 무엇인지 파악하고, 그 해결을 위한 방법을 스스로 제기한다는 점이다. 또 그 방향이 설정되면 모두가 하나되어 단결하며 달성하고자 하는 우리의 하나된 목표를 향하여 그 긴 '신뢰+실천'의 여정을 함께 '일관되고 지속적으로 간다'는 점이다.

다시 한 번 이 작은 성과물을 만들 수 있도록, 34편의 글을 발표할 수 있도록 항상 따뜻한 관심과 지원을 아끼지 않으셨던 〈차이나랩〉 한우덕 소장님께 깊은 감사를 드린다. 더불어 중국과제 협력을 통하여 이 작품을 시작할 수 있는 계기를 제공해주신 한국행정연구원 김윤권 박사님께도 이 기회를 빌어 감사를 드리고 싶다. 또한, 부족한 이 글이 최종적으로 세상에 빛을 볼 수 있도록 아낌없이 독려해주신 출판사 대표이자 아주대 통일연구소 교수 정대진 박사님께 깊이 감사드린다. 마지막으로, 늘 미안한 마음이다. 묵묵히 지켜봐준 현곤 엄마와 현곤에게 깊이 감사한다!

보충 설명과 참고문헌

1 중국은 '강(强)'하다
한국이 특별한 충칭

이 글은 실제 대한민국임시정부가 있었던 충칭을 방문하고 기록하면서 고민한 것을 글로 풀었다. 임시정부 안을 돌아보면서 강력한 인상을 전해준 것은 충칭 시가지 한 건물 담벼락에, '폭격할수록 더 강해진다(越炸越强)'는 문구였다. 어떤 외부로부터의 '고통(苦痛)'과 강력한 '압박(壓迫)'에도 결코 굴복하지 않고, 그것을 오히려 자신이 더욱 강(强)해지는 '단련의 과정'으로 승화할 수 있는 강인한 정신력과 생명력이야말로 중국이 아편전쟁 후 제국의 위치에서 바닥까지 몰락 후에도 다시 재기하여 우뚝 솟을 수 있었던 원동력이었음을 직감한다. 누구나 무너질 수 있고, 또 쓰러질 수 있다. 하지만 그렇다고 해서 거기서 그저 멈추고 포기하는 것이 아니라, 다시 일어설 수 있는 것. 당당히 나 자신의 민낯을 마주할 수 있으면서 우뚝 솟는 것. 바로 이런 것이야말로 진정한 의미에서 강(强)한 것이라는 생각이 들었다. 왜? 끝날 때까지 그 어떤 것도 결코 끝난 것은 아니며, 끝났다고 또 말할 수 없기 때문이다.

그래서 우리는 또 절망 속에서도 희망을 발견하고, 내일을 향해 힘차게 전진할 수 있다. 깊은 땅 속에 단단히 뿌리깊이 박힌 '슈껀(樹根)'은 아무 말이 없지만 이를 상징적으로 보여준다.

원문: N6 '맵고, 뜨겁고, 화려한 충칭' 한국이 각별한 이유 (2019.3.19. 14:44) 아래 링크를 참조. https://blog.naver.com/china_lab/221492053923

2 딩청셔지

무엇이 잘못됐고, 어떻게 재건할 수 있는가?

《장자》의 〈소요유〉편의 대붕의 이야기를 떠올리며 동시에 제갈량의 천하삼분지략을 통해 산 정상에서 아래를 내려다보듯 천하 형세를 논하는 그 모습이 마치 신중국에서 딩청셔지란 개념과 연결할 수 있다는 점에 착안하였다. 그것은 결국 나를 둘러싸고 있으며, 동시에 내가 외부로 확장해 뻗어가는 데에 있어서 외적 제약 조건으로서 작용하는 '객관적 환경' 속에서의 '나의 위치'를 정확하게 파악하는 방법이다. 또한 '국(國)'의 입장에서 보면, 그것은 혹 지금 당장은 아니더라도 중장기적으로는 천하의 '중(中)'앙에 우뚝 솟을 수 있는 방법을 설계하는 작업이다.

중국 성장의 비결_Top level Design

이 글은 제2차 세계대전 이후, 미소 양대진영 중심의 냉전체제 속에서 어떻게 중국이 대국으로서 자신의 면모를 잃지 않으면서도 세계의 형세 속에서 자리매김을 할 것인가 하는 점에서 착안하였다. 그것은 마치 삼국지에서 위나라와 오나라의 양대 강국의 진영 속에서 서쪽으로 자리를 잡으면서 점차 또 하나 대국으로 굴기하는 '유비의 촉나라'를 연상할 수 있었다. 즉, 마오쩌둥의 중국은 서쪽으로 눈을 돌려 제3세계의 대표를 자처하고, 그들과 적극 연대하면서 미소 양대진영의 틈바구니 속에서 살아남기 위한 전략적 행보를 보인다는 점이다. 이러한 점은 마치 세계지도를 펴고 지금 내가 어떠한 국면에서 위치하고 있는지 Top Level Design, 즉 딩청셔지를 할 때에만 보일 수 있는 전략적 선택이다.

[1] https://baike.baidu.com/item/%E9%A1%B6%E5%B1%82%E8%AE%BE%E8%AE%A1/6000805?fr=aladdin (검색일자: 2021.3.29)

[2] (明)罗贯中,《三国演义》,北京 : 人民文学出版社, 1973, 318页

[3] http://dangshi.people.com.cn/GB/138903/138911/15426110.html (검색일자: 2018.12.30.);《毛泽东外交文选》, 中央文献出版社 1994年版, 第600-601页

[4] http://dangshi.people.com.cn/GB/138903/138911/15426110.html (검색일자: 2018.12.30.);《人民日报》1974年4月11日.

원문: 중국 성장의 비결, Top level Design 아래 링크를 참조.

https://post.naver.com/viewer/postView.nhn?volumeNo=17480297&memberNo=32660183&vType=VERTICAL

3 대학의 작용

단순한 진학이 목표가 아니다

물론 중국도 교육열이 상당히 높으며 명문대학을 가려고 치열한 경쟁을 한다. 당연히 명문대학에 진학하는 것은 가문의 영광에 해당되는 일이기도 하며, 사회적 출세를 위한 첩경이기도 하다. 하지만 중국에서 대학의 작용은 단순히 학생 개인이 고등학교 이후의 진학하는 고등교육기관으로서 학교라는 의미 외에, 국가적 차원의 인재로서 국가는 그들을 어떻게 진정한 국가의 동량으로 양성할 것인가, 또 대학은 국가의 인재들이 서로 상호 자유롭게 교류할 수 있는 장을 제공한다. 마치 바다로 나가기 전 단계인 '호수'와 같은 역할을 하고 있는 것은 아닐까라는 점에 착안을 하였다. 특히 지역적 차원에서 볼 때, 대학은 국가전략을 각 지역적 기반 위에서 실현하기 위한 '인재 네트워크'의 사회적 연결고리로서 그 핵심적 작용을 한다.

중국의 특색, 당교

학교 가운데 다른 국가와 달리 중국의 특색으로 당교를 제시할 수 있다. 그런데 좀 더 엄밀한 측면에서 중국의 교육시스템과 연계하여 당교를 설명하면, 각 지역발전의 '세 개 기둥'을 지적해야 한다. 중국은 크게 중앙과 지방의 관계 속에서, 각 지역은 지방정부를 중심으로 운영된다고 할 때, 각 지방정부는 정책연구실을 두어 중앙과 연계하여 발전과제를 관리하며 동시에, 그 지역의 특수한 환경 속에서의 발전전략을 또한 모색한다. 그런 정책 연구과제는 다시 각 지역의 사회과학원을 중심으로 집중적으로 리서치(research)의 과정을 거친다. 연구만 하고 끝나는 것이 아니라, 그런 이론적 측면이 실제 현장에서 어떻게 적용될 수 있는가를 역시 각 지역의 당교를 통해서 지방정부의 공무원들과 간부들을 양성, 훈련하면서 이론과 실천의 결합을 모색한다. 그런 의미에서 당교는 실사구시적인 차원에서 이론을 통하여 실제 성과를 효과를 도출하기 위한 치열한 방법론적 차원의 토론이 이뤄진다.

[1] https://baijiahao.baidu.com/s?id=1633966203704986200&wfr=spider&for=pc (검

색일자: 2021.3.29)

[2] http://baijiahao.baidu.com/s?id=1640010532728004764&wfr=spider&for=pc (검색일자: 2021.3.29)

[3] https://baijiahao.baidu.com/s?id=1588740404313708241&wfr=spider&for=pc (검색일자: 2021.3.29)

[4] https://baike.baidu.com/item/%E5%85%9A%E6%A0%A1/2274620?fr=aladdin (검색일자: 2021.3.29)

[5] http://www.sdx.sh.cn/html/xygk/xyjj/65070.html (검색일자: 2021.3.29)

[6] https://news.sjtu.edu.cn/jdyw/20181227/93657.html (검색일자: 2021.3.29)

[7] http://www.sipa.sjtu.edu.cn/info/1103/7254.htm (검색일자: 2021.3.29.)

원문: 중국 공산당원이 기를 쓰고 당교에 입학하려는 이유 (2019.8.22. 10:35) 아래 링크를 참조. https://blog.naver.com/china_lab/221624522570

이과_국가의 전략적 과학기술

이 특별강연 원고는, 2020년 서울대아시아연구소 방문학자 시기(6월 중순부터 9월 말)에 작성하여 발표한 것이다. 여느 때와 마찬가지로 겨울방학으로 서울에 들어왔는데, 코로나19의 발생으로 한국에서 체류기간이 길어졌다. 서울대아시아연구소 박수진 소장님과 전략기획실 김종철 박사님 그리고 방문학자로 계신 존경하는 김영호 교수님께서 소중한 발표의 기회를 부여해 주셔서 시진핑 시대의 인재관을 근간으로 이전에 발표했던 자료들과 현지에서의 관찰, 경험 및 이론적 내용을 종합하여 대학을 통해서 본 중국사회의 작동원리 연구에 관한 발표를 했다. 정말 뜻하지 않았던 상황에서의 방문학자로서 소중한 공부와 상호 교류할 수 있는 따뜻한 기회를 주신 서울대아시아연구소에 깊은 감사의 인사를 올린다. 특별강연과 관련한 상황과 내용은 아래에 링크를 달아둔다.

https://snuac.snu.ac.kr/?u_event=%EB%8C%80%ED%95%99%EC%
9D%84-%ED%86%B5%ED%95%B4%EC%84%9C-%EB%B3%B8-
%EC%A4%91%EA%B5%AD%EC%82%AC%ED%9A%8C%EC%
9D%98-%EC%9E%91%EB%8F%99%EC%9B%90%EB%A6%AC-
%EC%97%B0%EA%B5%AC-%EC%8B%9C%EC%A7%84%ED%95%91 (검색일자:
2021.3.29)

[표1] 한국연구재단 국제협력본부(중국사무소 작성): 중국의 쌍일류건설 정책 동향과 주요이슈(심층분석보고서), 2020.5, 34p ; 眭依凡.: 关于一流大学建设与大学治理现代化的理性思考, 中国高教研究, 2019年第5期

[표2]《경제·인문사회연구회 중국종합연구 협동연구총서》18-67-04: 김윤권 외, 〈중국 반부패의 제도와 정책에 관한 연구〉, 대외경제정책연구원, 2018, p329-330 ;
http://www.12371.cn/special/zggcdzc/zggcdzcqw/ (검색일자: 2021.4.3)

[표3] 张衡, 眭依凡: 中国特色一流大学治理结构 : 中国特色一流大学治理结构 : 理论基础, 体系架构, 变革路径, 中国高教研究, 2020年第3期

문과_고위직 관료시스템

중국은 인재를 새로 뽑는다는 생각 이외에, 이미 뽑아 높은 인재들 가운데 그들의 재능이 어떠한가를 더욱 면밀하게 관찰하고, 검증하는 시스템이 있다. 예를 들어 대학에 입학을 하고, 당원이 되어 학교에 남게 되는 경우, 학교는 그들에게 항상 새로운 미션을 부여하면서 실제로 어떠한 성과를 도출하는지, 그 과정에서 어떠한 리더십을 발휘하는지 등을 살핀다. 학생이 '정치적 리더'로의 길을 선택하고 발전하기를 원한다면 그들은 먼저 행정적인 일을 맡아보면서 자신의 적성과 역량을 검증하게 된다. 이런 점에서 중국학생들에게 대학은 그들이 어떻게 하는가에 따라 공직으로 나갈 수 있는 첫 번째 직장이 될 수도 있다.

[1] http://wenhui.sumg.com.cn/html/2019-05/06/content_786621.html

[2] https://baike.baidu.com/item/%E6%B3%95%E5%9B%BD%E5%9B%BD%E5%AE%B6%E8%A1%8C%E6%94%BF%E5%AD%A6%E9%99%A2/6280034?fr=aladdin (검색일자: 2021.3.29)

[3] https://baijiahao.baidu.com/s?id=1631895455258797032&wfr=spider&for=pc (검색일자: 2021.3.29)

[4] http://wenhui.sumg.com.cn/html/2019-05/06/content_786621.html

[5] https://baike.baidu.com/item/%E6%9C%B1%E5%81%A5/1225752?fr=aladdin (검색일자: 2021.3.29.)

원문: 중국에서 고위 관료가 되려면 베이징·칭화대가 답이다? (2019.5.13. 16:54) 아래 링크를 참조. https://blog.naver.com/china_lab/221536464550

4 국가의 작동

유기적 통일을 향하여

언뜻 생각하기에, 대학이 어떻게 국가의 거버넌스에 참여할 수 있는가? 이런 질문을 할 수 있다. 그런데 국가는 곧 국력을 향상시켜야 한다는 궁극의 목표가 있다고 가정할 때, 바로 그런 작업을 수행할 때 근본적으로 인재를 통하여 실현할 수밖에 없다는 원리가 작동한다. 대학은 바로 이 점에서 최고의 인재를 국가가 필요로 하는 곳에 공급한다는 중요한 기능이 있으며, 또한 인재 개인의 입장을 통해서 보면, 그는 자신이 하고 싶은 일, 재능을 발휘할 수 있는 방법을 통해 국가의 발전에 공헌할 수 있다는 성취감과 자부심을 또 느낄 수 있다. 이렇듯 대학은 인재양성과 공급을 통해, 개인과 국가 사이에서 상호발전의 유기적 선순환을 이루게 한다. 이 장에서는 이러한 점에 착안하여 글을 전개한다.

국방과 외교

일반적으로 중국의 발전을 떠올리면 1978년 개혁개방 이후의 일이라고 단정한다. 하지만 중국의 내부적 시선에서 바라보면, 덩샤오핑의 중국이 개혁개방을 자신감 있게 추진할 수 있었던 근저에는 마오쩌둥 시대에 완성한 '양탄일성(원자폭탄, 수소폭탄과 인공위성)'의 성과를 결코 빼놓을 수 없다. 이것에 의미를 부여할 수 있는 점은 당시 소련의 전문가의 철수 등 원조가 끊긴 상황에서 독자적으로 이뤄낸 성과라는 점이다. 여기에는 국가의 발전에 자신의 모든 것을 헌신할 수 있다는 애국심을 가진, 미국에서 유학을 하고 돌아온 중국 항공항천의 아버지 첸쉐썬이 있고, 그를 적극적으로 중용한 중국의 전략적 발전을 향한 국가의 의지와 정책적 인재 시스템을 꼽을 수 있다.

[1] https://baijiahao.baidu.com/s?id=1621648539069899316&wfr=spider&for=pc (검색일자: 2021.3.29)

[2] 林毅夫, 『解读中国经济』, 北京大学出版社, 2014, 1页 ; Groningen Growth and Development Centre, "Angus Maddison", Last modified September 3, 2008

[3] 李廷富, 「浅谈"两弹一星"成就的伟大历史意义」, 首届中国两弹一星历史研究高层论坛, 2009.11.07

[4] http://3g.163.com/dy/article/E43LKP5U0525MVKP.html (검색일자: 2021.3.29)

[5] 钱学森博物馆, 上海交通大学 华山路 1954号

[6] https://baike.baidu.com/item/%E4%B8%A4%E5%BC%B9%E4%B8%80%E6%98%9F/201355?fr=aladdin (검색일자: 2021.3.29)

[7] http://www.sohu.com/a/280512578_162628 (검색일자: 2021.3.29.)
원문: 마오의 흐루시초프 공격 "누가 중국은 핵무기를 만들 수 없다고 말했는가?"
(2019.1.14. 9:44) https://blog.naver.com/china_lab/221441430349

1991년 한반도 비핵화 선언 이후, 우리는 줄곧 '비(非)핵화'라는 말을 쓰고 있는데, 중국은 우리와 달리 일관되게 '무(無)핵화'라는 말을 쓰고 있다. 이 점에 착안을 하게 됐는데, 엄밀하게 말하면 핵이 없는 상태에서는 비핵이나 무핵이라는 말이 차이가 없다. 핵이 없던 상태에서는 핵 활동을 하지 않는 것이 곧 무핵을 담보할 수 있기 때문에 비핵화와 무핵화의 의미는 본질적으로 다르지 않다고 볼 수 있다. 하지만 만약 이미 핵을 가지고 있는 상태라면 그 의미가 미묘한 지점에서 달리 해석될 여지가 있다. 왜냐하면 "나는 앞으로 비핵화할 것이야"라는 말, 이것이 기존에 가지고 있는 핵무기를 반드시 모두 없애야겠다는 뜻을 내포하지도 않을 수 있는 여지가 발생할 수 있기 때문이다. 우리말에 '아' 다르고 '어' 다르다는 말이 있듯이, 외교는 특히 한 글자 한 글자, 특히 영어와 같은 외국어의 용어 가령, 'denuclearization'을 우리말로 번역하는 과정에서 문서상으로 용어와 개념을 확정할 때는 매우 신중하며 엄밀함을 요구한다. 왜냐하면 그것이 곧 우리의 국익과 직결될 수 있는 문제로 연결될 수 있기 때문에. 문서상 기록을 남겨야 하는 민감한 영역일수록 더욱 그러한 관심과 주의가 필요하다.

원문: 비핵화인가 무핵화인가, 단어에 내포된 속내는? (2019.3.4. 16:27) 아래 링크를 참조.
https://blog.naver.com/china_lab/221479964937

공정한 기회

미국은 세계최고의 과학기술을 보유하며, 세계 최대의 시장을 가지고 있다.
여기에서 바로 '글로벌 스탠다드'가 창출되며, 각국은 그 세계표준에 부합하
는 물건을 제조하여 미국의 세계시장에 판매하여 경제적 이익을 창출하며
국부를 증진한다. 중국도 예외가 아닌데, 중국이 특히 신경을 더 쓰는 부분은
바로 그 과학기술을 습득하고 자신의 물건으로 만들기 위하여, 국외의 인재
들에게도 국내 인재들 못지않은 대우를 한다는 점이다. 그것은 단지 물질적
차원의 부를 제공하는 것에 그치는 것이 아니라, 최고의 인재라는 칭호와 함
께 영예를 주는 것이다. 실력을 가진 인재의 입장에서 중국은 또 하나의 자신
의 역량을 발휘할 수 있는 곳이기도 하며, 또한, 인종과 국적에 관계없이 실
력 있는 인재들이라면 누구나 공정한 기회를 확보할 수 있다. 외국인재에게
도 이러하다면 국내의 인재들을 또 얼마나 아끼겠는가! 중국의 과학기술이
지속적으로 발전할 수밖에 없는 근본적인 이유다.

[1] http://edu.sina.com.cn/gaokao/2019-10-23/doc-iicezuev4222827.shtml (검색일자:
2021.3.29)

[2] http://www.eol.cn/news/yaowen/201909/t20190926_1684897.shtml (검색일자:
2021.3.29)

[3] http://baijiahao.baidu.com/s?id=1648904138993250337&wfr=spider&for=pc (검색
일자: 2021.3.29)

[4] http://baijiahao.baidu.com/s?id=1649732977476902664&wfr=spider&for=pc (검색

일자: 2021.3.29)

[5] https://news.sjtu.edu.cn/jdyw/20190917/110433.html (검색일자: 2021.3.29)

[6] https://news.sjtu.edu.cn/jdyw/20191008/112081.html (검색일자: 2021.3.29)

[7] https://news.sjtu.edu.cn/zhxw/20191111/115323.html (검색일자: 2021.3.29)

[8] https://news.sjtu.edu.cn/jdyw/20191106/114847.html (검색일자: 2021.3.29)

[9]https://terms.naver.com/entry.nhn?docId=3548244&cid=58393&categoryId=58393 (검색일자: 2021.3.29.)

원문: 중국 '과학기술' 발전과 진보에는 '국적'이 없다 (2019.11.13. 14:47) 아래 링크를 참조. https://blog.naver.com/china_lab/221706539123

승진의 예측

중국이 과학기술의 향상을 얼마나 중시하며, 국가적인 사업으로 지속적으로 관리하고 있는가는 '중국 국가자연과학기금(NSFC: National Natural Science Foundation of China)'의 설치에서 단적으로 확인할 수 있다. 이 기금의 궁극적 목적은 노벨상 수상자의 배출에 있다고 볼 수 있으며, 이를 국가가 제도적으로 뒷받침하기 위해 만든 것이 원사제도이다. 요컨대, 중국과학원 원사, 중국공정원 원사제도를 두고, 그들에게 행정직급으로 차관급에 해당하는 대우를 한다. 더욱이 2년에 한 번 실시하면서 원사를 추가적으로 선정한다. 이런 과정은 과학기술의 인재가 얼마든지, 아니 어쩌면 더욱 쉽게 행정직으로 나갈 수 있는 길을 터주면서, 동시에 어떤 경로로 승진할 수 있는가를 예측할 수 있게 한다는 점에서, 중국 과학기술의 안정적이며 지속적인 발전에 지대한 공헌을 한다.

[1] https://baike.baidu.com/item/%E5%9B%BD%E5%AE%B6%E8%87%AA%E7%8

4%B6%E7%A7%91%E5%AD%A6%E5%9F%BA%E9%87%91/9951549?fr=aladdin (검색일자: 2021.3.29)

[2] http://baijiahao.baidu.com/s?id=1650913030907900280&wfr=spider&for=pc (검색일자: 2021.3.29)

[3] https://baike.baidu.com/item/%E4%B8%AD%E5%9B%BD%E7%A7%91%E5%AD%A6%E9%99%A2/271375?fr=aladdin (검색일자: 2021.3.29)

[4] https://baike.baidu.com/item/%E4%B8%AD%E5%9B%BD%E5%B7%A5%E7%A8%8B%E9%99%A2/272404?fr=aladdin (검색일자: 2021.3.29)

[5] http://baijiahao.baidu.com/s?id=1650893570047653496&wfr=spider&for=pc (검색일자: 2021.3.29)

[6] http://m.sohu.com/a/327053246_120059709 (검색일자: 2021.3.29)

[7] http://dzb.whb.cn/2019-11-23/4/detail-662029.html (검색일자: 2021.3.29)

[8] http://cpc.people.com.cn/n1/2019/1112/c64094-31449367.html (검색일자: 2021.3.29)

[9] http://politics.cntv.cn/special/gwyvideo/hanzheng/201911/2019111101/index.shtml (검색일자: 2021.3.29)

[10] http://dzb.whb.cn/2019-11-23/4/detail-662032.html (검색일자: 2021.3.29)

[11] https://news.sjtu.edu.cn/jdyw/20191125/116471.html (검색일자: 2021.3.29.)
원문: 중국 대학의 생존과 경쟁력 확보는 '여기'에 달려 있다 (2019.11.28. 16:09) 아래 링크를 참조. https://blog.naver.com/china_lab/221721072300

다양한 문화

아주 자연스러운 저녁 식사에서 광동성 출신의 펑파이 신문기자와 이야기할 때였다. 광동성의 문화가 중국문화 가운데에서도 굉장히 독특한 문화를 자랑한다는 점을 알게 됐다. 그것은 흔히 그들의 독특한 음식문화와 관련된 것이었지만, 이야기를 하다 보니 광동사람들의 동서남북의 개념, 낮잠의 문화, 대학을 꼭 가지 않고 공장에서 일하면 된다는 등 교육열이 강한 중국 일반적 상황과 사뭇 다른 뉘앙스의 이야기들이어서 더 귀담아 들을 수 있었다. 결국은 56개의 민족과 그들의 다양한 문화로 구성된 중국문화는 결국은 서로 다른 환경과 출신의 다른 생각을 가진 인재들을 어떻게 포용하면서 궁극적으로 국력으로 승화시킬 것인가? 이 문제로 귀결된다. 핵심은 다양한 문화적 요소들이 경쟁적 상황에 놓일 때, 의외의 혁신적 성과들을 도출하면서 국가의 경쟁력을 강화할 수 있다는 점이다.

[1] 중국 '澎湃新闻' 기자와 교류

[2] http://news.makepolo.com/6549884.html

[3] (明)罗贯中, 《三国演义》, 北京 : 人民文学出版社, 1973, 317页

원문: 광등성 사람들 아직도 바퀴벌레를 먹는다고? (2019.4.18. 15:14) 아래 링크를 참조.

https://blog.naver.com/china_lab/221516785629

혁신적 경쟁

대학의 경쟁력을 강화하기 일환으로 논문 발표 등 양적 성과들을 지표화하는 방식이 널리 활용되고 있고, 그 정도가 얼마나 심한지, 논문 발표와 크게 상관이 없어 보이는 체육학 분야에도 그렇다는 것은 시사하는 바가 크다. 하지만 중국 학계 이외, 즉 서양의 대학과 연구기관들이 내세우는 지표를 중심으로 하는 체계 이외에, 중국에서는 이제 문과를 중심으로 중국학파의 건립을 주창한다든지 새로운 양적 지표 이외에 정성적 요소들을 어떻게 평가체계에 넣을 것인가를 고민하고 탐색하는 시도가 나온다는 점은 대학 본연의 연구와 교육의 경쟁력, 즉 대학이 추구하는 인재를 양성하기 위한 방법을 스스로 부단히 성찰하는 시도라는 점에서 매우 의미 있고 필요한 작업이며, 이것은 궁극적으로 글로벌 시대에 대학들이 혁신적 경쟁력을 확보할 수 있는 중요한 시도라는 점에서 주목한다.

[1] http://www.ydyeducation.com/index/new/news_detail/dict_id/62/nav/nav_yx/id/6787.html (검색일자: 2021.3.29)

[2] https://new.qq.com/omn/20190408/20190408A0CIKI.html

[3] https://baijiahao.baidu.com/s?id=1593425541634389637&wfr=spider&for=pc (검색일자: 2021.3.29)

[4] '시안교통-리버풀대학'(西交利物浦大学: Xi'an Jiaotong-liverpool University)은, 강소성 쑤저우시에 소재, 중국교육부 비준을 통해서, 시안교통대학과 영국의 리버풀대학이 협력하여 설립한 대학

[5] https://mp.weixin.qq.com/s/8OmLUDXsOeP0fCztPkTGTw (검색일자: 2021.3.29.)
원문: '학과도 세계 일류로' 중국 경쟁력의 원천은 무엇? (2019.4.30. 16:29) 아래 링크를 참조. https://blog.naver.com/china_lab/221526300949

성과의 존중

'백년대계'로서 교육정책을 통하여 대학이 스스로 발전의 정도를 측정하고, 또한 부족한 부분에 대하여 더욱 보충할 수 있도록 계속해서 새로운 정책을 제시한다. 그 점에서 중국에서는 시진핑 시대 들어 최근 '쌍일류(세계일류 대학+세계일류 학과)'가 나오고 있으며, 더욱이 학과별 차원에서는 '진커(금메달 과목)'를 만드는 것은 그 구체적인 방법론 가운데 하나라고 할 수 있다. 그런

데 이와 함께 더욱 중요한 것은, 기존의 획득한 국가급 과학기술의 성과 등 그것을 존중해주고, 그 인재를 계속해서 기리는 역사적 전통을 형성하는 일이다. 그러면 교육정책을 넘어서 인재를 아끼고 중시하는 교육문화를 만들게 된다.

[1] https://baijiahao.baidu.com/s?id=1626991482983393283&wfr=spider&for=pc (검색일자: 2021.3.29)

[2] https://baijiahao.baidu.com/s?id=1654785213474363556&wfr=spider&for=pc (검색일자: 2021.3.29)

[3] http://www.gaosan.com/gaokao/262060.html (검색일자: 2021.3.29)

[4] https://tech.sina.com.cn/roll/2019-12-08/doc-iihnzahi6084743.shtml (검색일자: 2021.3.29)

[5] https://www.sohu.com/a/277729659_214420 (검색일자: 2021.3.29)

[6] https://baijiahao.baidu.com/s?id=1633701233901795587&wfr=spider&for=pc (검색일자: 2021.3.29)

[7] https://baijiahao.baidu.com/s?id=1652593039442487382&wfr=spider&for=pc (검색일자: 2021.3.29)

[8] https://news.sjtu.edu.cn/jdyw/20200103/118927.html (검색일자: 2021.3.29)

[9] https://news.sjtu.edu.cn/jdyw/20200103/118929.html (검색일자: 2021.3.29)

[10] https://baijiahao.baidu.com/s?id=1654728840275999745&wfr=spider&for=pc (검색일자: 2021.3.29.)

원문: 중국 Top5 대학: 칭화대, 베이징대, 절강대… 그리고? (2020.1.7. 18:37) 아래 링크를 참조. https://blog.naver.com/china_lab/221763179997

국력의 상승

사실 국력의 상황은 국가별로 같은 수준이 아니며, 결코 같을 수도 없다. 이 것은 마치 모든 사람의 얼굴이 비슷하면서도 완벽하게 일치하는 경우가 없 는 것과 같다고 할 수 있다. 인구와 영토의 규모부터 시작해서 경제적, 군사 적, 문화적, 환경적 지금 현재의 수준이 다르기 때문에, 국가별 국력의 강화 로 승화시킬 수 있는 특색과 장점도 또한 각기 다르다. 따라서 전략적인 차 원에서 국력을 강화시키기 위하여서는 교육을 통한 인재의 양성에 있어서 도 보편적 인재 양성의 방법과 함께 특화된 전략이 필요할 수 있다. 현재 자 신의 교육 수준을 평가하는 방법을 외부의 평가 기준에 비춰보는 것은 객 관적 참고자료라는 점에서 의미가 있지만, 그것만으로는 충분하지 않고 보 다 더 개별 국가의 발전전략에 비춰서 강화시킬 필요가 있는 인재들의 양성 을 위해 요구되는 평가체계가 요청될 수 있다. 중국 상해교통대학에서 권위 를 갖고 추진해오고 있는 '세계대학학술 순위(ARWU)'는 중국의 '종합국력 (Comprehensive National Power)'의 향상의 측면에서 자기의 평가체계의 구축 을 시도라는 점에서 그 의미를 부여할 수 있다.

[1] https://user.guancha.cn/main/content?id=163952&comments-container (검색일자: 2021.3.29)

[2] https://baijiahao.baidu.com/s?id=1642738351352677546&wfr=spider&for=pc (검 색일자: 2021.3.29)

[3] https://baijiahao.baidu.com/s?id=1591174892053576809&wfr=spider&for=pc (검 색일자: 2021.3.29)

[4] https://baijiahao.baidu.com/s?id=1642015457489059481&wfr=spider&for=pc (검 색일자: 2021.3.29)

[5] http://www.sipa.sjtu.edu.cn/info/1103/7420.htm (검색일자: 2021.3.29)

원문: 세계 대학 랭킹 100위, 베이징·칭화대말고 더 있다고? (2019.9.5. 11:31) 아래 링크를

참조. https://blog.naver.com/china_lab/221639440457

기록물 관리

중국은 전통적으로 학습(學習)을 중시하는 문화가 있다. 이것은 개인의 측면 뿐만 아니라 국가의 중요정책을 결정하기 위한 토론의 자리에서도 각 분야 최고 전문가를 초청하여 '집체학습(중공중앙정치국)'을 할 정도다. 그래서 종 적으로 중국의 고금과 횡적으로는 국가와 개인의 발전을 관통하는 핵심 키 워드가 바로 '학습'이라고 할 수 있다. 그런데 한 가지 중요한 문제는, 그런 인 재는 결코 개인적 측면 혹은 가족 단위에서만이 아니라 국가적 동량의 차원 에서 보면, 그들이 매우 소중한 인적자원이기 때문에, 국가 차원에서 인재를 관리할 필요가 있으며, 그러기 위해서는 그를 검증할 자료로서 기록물이 필 요하다. 대학에서 이를 활용한 것이 '당안(档案)'이며, 이를 통해 인재로서의 학생에 대한 종합적 관리를 한다고 하겠다. 중국의 개인과 국가적 차원에서 는 학습을 중시하면서, 동시에 현재 자신의 학습의 수준을 검토해 반성적으 로 돌아볼 수 있도록 기록을 게을리하지 않고, 또 그 기록물을 관리하는 것으 로 과거와 현재를 돌아보고 계승하며, 나아가서 미래를 향해 진일보할 수 있 는 객관적인 토대가 된다.

[1] 杨伯俊 : 论语译注, 中华书局, 2002, 1p

[2] http://baijiahao.baidu.com/s?id=1647243732823748049&wfr=spider&for=pc (검색 일자: 2021.3.29)

[3] http://baijiahao.baidu.com/s?id=1644203058116460860&wfr=spider&for=pc (검색

일자: 2021.3.29)

[4] https://www.tsinghua.edu.cn/publish/thunews/9660/2018/

20180329164235489941212/20180329164235489941212_html

[5] http://www.news.zju.edu.cn/2019/0925/c773a1688387/page.htm (검색일자:

2021.3.29)

[6] https://news.sjtu.edu.cn/jdyw/20190930/111855.html (검색일자: 2021.3.29)

[7] https://baijiahao.baidu.com/s?id=1608121189024632773&wfr=spider&for=pc (검

색일자: 2021.3.29)

[8] https://baike.baidu.com/item/%E4%B8%AD%E5%85%B1%E4%B8%AD%E5%A

4%AE%E6%94%BF%E6%B2%BB%E5%B1%80%E9%9B%86%E4%BD%93%E5%A

D%A6%E4%B9%A0/6592790?fr=aladdin (검색일자: 2021.3.29.)

원문: 중국 경쟁력의 원천, 바로 이것? (2019.10.16. 17:34) 아래 링크를 참조.

https://blog.naver.com/china_lab/221679648492

5 충분히 검증된 인재

실사구시적으로

중국은 인재의 중요성을 알고, '실사구시'의 방법을 통하여 각 지역의 인재가 중앙정부의 간부가 될 수 있도록 한다. 또한 글로벌 인재를 적극적으로 발굴하여 국가의 브레인이 될 수 있도록 만드는 일이 국가 작동의 원리에서 핵심적 요소로 본다. 왜냐하면 결국은 국가의 작동원리에서 그 작동이 잘 되느냐 마느냐의 여부로서 결정적인 요소는 인재에 달렸다고 보기 때문이다. 따라서 그 인재를 단순히 필기시험만으로 인재의 종합적 역량을 판단할 수 있는

가? 한 인간으로서 인재의 역량을 종합적으로 또한 전면적으로 검증할 수 있어야 한다. 대학이 책임지고 맡아야 할 중차대한 사명이기도 하다.

인재의 양성

'삼고초려'의 전통이 있는 중국에서 인재 하나하나가 얼마나 소중한 자원인지 알 수 있다. 세계에서 인구가 제일 많은, 14억 명의 인구대국 중국에서 역설적으로 인재의 중요성을 가장 잘 보여주는 대표적인 사례다. 대학생은 미래의 국가를 선도할 최고의 인재가 될 수 있는 원석 같은 자원이며, 따라서 중국의 최고 명문대라고 해서 앉아서 그들이 오기만을 기다릴 수는 없다. 왜냐하면 그 한 명의 인재가 우리 대학의 미래를 결정지을 수 있고, 나아가 국가의 명운을 바꿀 수 있다는 믿음이 있기 때문에 가능한 일이다. 특히, 중국의 명문대학들은 그러한 훌륭한 인적자원을 잘 교육하여 반드시 국가에서 꼭 필요로 하는 '최고의 보석'으로 만들려 한다. 대학의 사명이기도 하다.

[1] https://www.thepaper.cn/newsDetail_forward_3838951 (검색일자: 2021.3.29)

[2] https://baijiahao.baidu.com/s?id=1638183632517383905&wfr=spider&for=pc (검색일자: 2021.3.29)

[3] https://v.qq.com/x/cover/q4ttbserm0zb0tr/r0890uq61r0.html (검색일자: 2021.3.29)

[4] http://dy.163.com/v2/article/detail/EIUFR71R0516L58L.html (검색일자: 2021.3.29)

[5] https://baike.baidu.com/item/%E6%B1%9F%E6%B3%BD%E6%B0%91/115299?fr=aladdin (검색일자: 2021.3.29)

[6] https://baike.baidu.com/item/%E8%83%A1%E9%94%A6%E6%B6%9B/115347?fr=aladdin (검색일자: 2021.3.29)

[7] https://baike.baidu.com/item/%E4%B9%A0%E8%BF%91%E5%B9%B3/515617?f
r=aladdin (검색일자: 2021.3.29)

[8] https://baike.baidu.com/item/%E6%9C%B1%E9%95%95%E5%9F%BA/116302?f
r=aladdin (검색일자: 2021.3.29)

[9] https://baike.baidu.com/item/%E5%90%B4%E9%82%A6%E5%9B%BD/115364?
fr=aladdin (검색일자: 2021.3.29)

[10] https://baike.baidu.com/item/%E9%BB%84%E8%8F%8A/115494?fr=aladdin
(검색일자: 2021.3.29)

[11] https://baike.baidu.com/item/%E9%99%88%E8%89%AF%E5%AE%87/116774?
fr=aladdin (검색일자: 2021.3.29.)

원문: 장려금·감금까지… 우수한 인재 유치 열 올리는 중국 대학 (2019.7.10. 9:59) 아래 링
크를 참조.

https://blog.naver.com/china_lab/221581964088

인재의 발탁

중국이라고 다르지 않다. 사람은 누구나 높은 자리를 향해서 올라가고 싶다.
신분상승을 향한 인간의 욕망은 그래서 너무나 당연하고, 그 목적을 달성하
기 위한 노력은 당연한 귀결이다. 그런 노력의 중요한 부분으로 공부를 잘하
고, 명문대에 입학하는 것은 그 목적달성을 위한 첫 번째 관문이다. 중국에서
눈여겨볼 만한 점은 명문대가 어느 한 지역에만 분포하는 것이 아니라, 전국
적으로 고른 분포를 보일 수 있도록 설계하였다는 점이다. 이를 통해 각 지역
의 인재가 우선 그 지역의 인재이며 주인으로서 자신의 지역을 발전시키는
데에 공헌을 하고, 그 성과를 통하여 중앙의, 국가의 인재로 발탁할 수 있도

록 인재발탁의 시스템이 구축되어 있다. 인재가 특정 지역에만 몰리는 것이 아닌, 흩뜨리는 효과를 보이고 있다. 덩샤오핑 이후에 부활된 대학입시시험 제도 가오카오가 그렇고, 중국의 대표적 교육정책 '211'공정, '985'공정, '쌍일류' 정책 등이 그러하다.

[1] https://baijiahao.baidu.com/s?id=1607700444926368361&wfr=spider&for=pc (검색일자: 2021.3.29)

[2] https://baijiahao.baidu.com/s?id=1610140208458580206&wfr=spider&for=pc (검색일자: 2021.3.29)

[3] 刘海峰, 樊本富 : 西部地区的 "高考移民" 问题, 教育研究, 2004

[4]《庄子·养生主》

[5] https://baike.baidu.com/item/%E9%99%86%E6%AD%A5%E8%BD%A9/6807225?fr=aladdin (검색일자: 2021.3.29)

[6] 刘海峰, 李木洲 : 高考分省定额制的形成与调整, 教育研究, 2014 ; 李禹阶, 汪荣 : 我国高考的历史与现状其发展趋向窥探, 重庆师范大学学报, 2010 ; 宋术学 : 建国以来我国高考制度的变革与发展, 清华大学教育研究, 2005

[7] http://zhiyuan.sjtu.edu.cn/articles/614

[8] https://baike.baidu.com/item/211%E5%B7%A5%E7%A8%8B/203547?fr=aladdin (검색일자: 2021.3.29)

[9] https://baike.baidu.com/item/985%E5%B7%A5%E7%A8%8B/1077915 (검색일자: 2021.3.29)

[10] https://baike.baidu.com/item/%E4%B8%96%E7%95%8C%E4%B8%80%E6%B5%81%E5%A4%A7%E5%AD%A6%E5%92%8C%E4%B8%80%E6%B5%81%E5%AD%A6%E7%A7%91/22135305?fromtitle=%E5%8F%8C%E4%B8%80%E6%B5%81&f

romid=19394525&fr=aladdin (검색일자: 2021.3.29.)

원문: 중국판 'SKY' 칭베이화우, 그들은 왜 전국에 퍼져있는가? (2019.2.18. 10:54) 아래 링
크를 참조. https://blog.naver.com/china_lab/221468478154

인재의 활용

중국은 대학에서부터 특히 각 지역의 인재를 모셔오기 바쁘다. 그 인재들이
더욱 공부하여 석사를 하고 박사를 하면 어떤가? 자연스럽게 국가가 특별히
관리해야 하는 고급인재들이 되는 것이다. 더불어 그들이 성장하여 연구자
로서 사회의 발전을 위하여 정책을 선의하고, 과학기술자로서 국가의 난제
들을 해결할 수 있는 보고서를 작성한다면 어떨까? 관련 주무정부는 당연히
그 보고서가 제시하는 성과들과 건의에 귀를 기울일 수밖에 없다. 왜? 실제
문제해결을 위한 중요한 방법으로 기여할 것이란 기대와 믿음이 있기 때문
이다. 따라서 그들이 공식적인 통로를 통하여 보고하는 정책건의서는 가깝
게는 그가 몸담고 있는 연구소, 학부, 대학이다. 더 나아가 각 급의 지방정부
와 중앙정부에까지 전달될 수 있으며 실제로 그 보고서 내용이 해당 문제해
결에 효과적인 것일수록, 상부는 물론 당정 최고 지도자한테까지 보고된다.
그 후, 각 급의 지도자로부터 일종의 지시사항인 '批示(서면으로 지시)'의 형
식을 통해서 그 피드백의 상황을 연구자 본인은 물론 그가 속한 연구단위에
직접 통보한다. 중국의 과학기술과 정책건의 보고서 전달 및 처리과정은 대
략 이와 같은 프로세스를 통하여 진행된다. 연구자는 자신이 국가의 발전과
전략에 정책적으로 직접 기여하고 있음을 몸으로 확인함과 동시에 성취감
을 느낄 수 있도록 안배되어 있으며, 동시에 국가는 그 연구자와 연구성과를
지지한다.

[1] https://baike.baidu.com/item/%E4%B8%8A%E6%B5%B7%E7%A7%91%E5%88%9B%E4%B8%AD%E5%BF%83/16958453 (검색일자: 2021.3.29)

[2] http://wenhui.sumg.com.cn/html/2019-05/25/content_794602.html

[3] http://baijiahao.baidu.com/s?id=1604855514145437929&wfr=spider&for=pc (검색일자: 2021.3.29)

[4] http://dy.163.com/v2/article/detail/DFN3TL820523H3H9.html (검색일자: 2021.3.29)

[5] 李振国, 溫珂, 方新 : 中央与地方科技事权和支出责任划分研究, 管理世界(月刊), 2018年第7期, 29页

[6] https://baike.baidu.com/item/%E6%96%B0%E5%8D%8E%E7%A4%BE%E5%86%85%E5%8F%82/12763700?fr=aladdin (검색일자: 2021.3.29)

[7] http://opinion.hexun.com/2014-11-05/170058727.html

[8] https://baike.baidu.com/item/%E6%96%B0%E5%8D%8E%E9%80%9A%E8%AE%AF%E7%A4%BE/1092255?fromtitle=%E6%96%B0%E5%8D%8E%E7%A4%BE&fromid=293685&fr=aladdin (검색일자: 2021.3.29)

[9] http://www.cas.cn/ (검색일자: 2021.3.29)

원문: 질주하는 中 과학 기술 특별한 비결이 있다고? (2019.5.29. 11:18) 아래 링크를 참조.

https://blog.naver.com/china_lab/221549312107

저자의
말

하고 싶다고 항상 할 수 있는 것 아니다.

하고 싶은 것이 뭔지 아는 것도 사실 어렵다.

하지만 하고 싶은 것을 실행으로 옮기는 것은 더 어렵다.

하고 싶다고 항상 실행으로 옮길 수 있는 것도 아니다.

'때'라는 것이 있기 때문이다.

차 떠난 다음에 뛰어봐야 소용없다.

차가 오길 마냥 기다릴 것이 아니다.

내 두 다리가 있다.

난 나의 두 다리로 이제부터 뛸 것이다.

불과 몇 해 전, 상하이 짜장면 집에서의 일이다. 가족과 식사를 하다 갑자기 떠오른 생각들을 무심결에 적어보고, 아무 생각 없이 읽다가 갑자기 나도 모르게 눈물이 그만 왈칵 쏟아졌다.

사실 정말 생각하지 못한 일이다. 대학교 1학년 첫 여름방학 때 미국 시카코 로욜라대학으로, 'Summer School'을 가기 전까지 중국에서 유학을 할 것이라고? 또 중국에서 박사과정을 마치고, 잠시 한국에서 근무한 것을 제외하고 만 15년 이상의 시간을 중국의 베이징과 상하이에서 공부하고, 교편을 잡을 것이라곤 정말이지 생각을 못했다.

첫 해외여행이자 미국으로 단기 언어연수를 갔을 때, 비행기 안에서의 그 긴장과 설렘 때문이었을까? 그 흥분이 가시지 않은 상태에서 시차 적응문제로 인하여 밤잠을 뒤척이다 새벽 5시 30분쯤 눈을 떴다. 그런데 기숙사에 짐을 풀 때는 전혀 몰랐던 상황이 펼쳐졌다. 내 침대 바로 앞에는 큰 창문이 있었다. 그 창문이 얼마나 컸는지, 눈을 비비며 밖을 내다보는 순간 그곳에는 어느새 어스름이 거치면서 드러나는 광활한 바다가 있었다. 지금도 잊지 못하는 그 광경! 태양이 꿈틀거리며 해수면 위로 빠끔히 떠오르는 일출의 황홀한 광경이 펼쳐진다!

그 감격과 기쁨을 주체할 수 없던 나는 밖으로 뛰쳐나갔고, 대학과 마을 사이에 어떤 담벼락도 경계도 없는 그곳에서 바다에 떠오른 태양을 잡아보겠다며 무작정 뛰었다. 조깅을 나왔던 주민과 그의 강아지들도 덩달아 함께 뛰고 있는 상황이 벌어졌다. 그렇게 한참을 뛰었다고 느끼고 이제 그만 숙소로 돌아가자 하고 발길을 돌리는 순간, 갑자기 등골이 서늘해지면서 '이게 뭐지?' 하며 불현듯 질문거리가 하나 생겼다.

시카고는 미국의 중부인데, 여기에 어찌 바다가 있을 수 있다는 말인가? 대서양이 아니지 않은가, 태평양도 아니지 않은가? '미시간 레이크(Michigan Lake)', 말 그대로 호수였다. 하지만 분명 내가 알고 있던 호수는 아니었다. 친절한 설명을 곁들인 안내책자 속에서 알게 된 사실은 놀라웠다. 이 호수의 남북의 길이가 우리나라 남북의 길이보다 길다는 사실을 어떻게 받아들여야할지 무척 혼란스러웠다.

이 때 받은 일종의 '충격(shock)'은 나에게 엄청난 '인식의 전환'을 가져다줬고, 세상을 대하는 나의 자세와 가치관에 큰 영향을 준 계기 가운데 하나였다. 내가 알고 믿고 있던 것이 분명 틀린 것은 아니더라도, 중요한 것은 그것만이 전부이지 않을 수 있다는 사실이다. 내가 미국에서 미시간 호수를 보며 바다를 봤다고 느꼈듯, 어떤 외국의 사람들은 우리나라 동해를 보며 일종의 호수 같다고 느낄 수도 있겠구나! 분명 이름 붙여지기 전의 사물은 그저 자연 그대로일 뿐인데, 그것에 인간이 어떤 이름을 붙이느냐에 따라서 우리의 인식 공간과 범위 그것이 심각하게 제한되고, 훼손될 수도 있겠구나!

우리네 사람사이 인간(人間)의 '편견'과 '오만'은 혹시 이 지점에서부터 발생하는 것은 아닐까? 사실은 내가 잘 알지 못하는데 잘 안다고 착각하고, 내가 아는 것만을 '진실의 잣대'로 여기고 그것을 상대에게 무심코 갖다 대어보면서 상대를 평가하는 일에서부터 말이다.

어쩌면 중국에 대해서도 그렇지 않을까?

푸른 바다에 빨간 물감을 한 방울 떨어뜨린다 하여 붉어지지 않듯이, 14억 명 인구의 중국에 외국사람 한 사람 들어가고 나온다 하여 어떤 표시소차 나겠는가? 사람이 그렇게 많은 곳이니 사람이 사람다운 대접을 받을 수나 있겠나? 하지만 삶의 여행이 재미있고, 기대되는 지점은 바로 그러한 상황이 예상치 못한 반전을 맞으면서 저 골목길을 꺾으면 또 무슨 새로운 일이 펼쳐질 것인가 하는 막연한 두려움이, 이젠 긴장을 동반한 기대와 설렘으로 바뀌면서부터다.

2010년 1월부터 대학 면접심사(만 30세)를 시작하여, 5월부터 정식으로 상해교통대 전임교수로 임용된다. 그 해 12월에 상하이의 〈新闻晨报Shanghai Morning Post〉로부터 신문의 2면 전체를 할애 받아, 내가 상해교통대에 어떻게 오게 됐는지, 앞으로 여기서 무엇을 할 계획이 있고, 희망을 갖고 있는지를 인터뷰했다.

약 1년이 지난 2011년 10월에는 역시, 〈新闻晨报Shanghai Morning Post〉로부터 하지만 이번에는 더욱 심층적으로 내가 성장하는 과정에서 어떻게 공부를 했고, 한국에서 초·중·고와 대학 및 대학원 생

활은 어떠했는지, 그 과정에서 가족과의 관계는 어떠했고 등등을
내가 제공한 사진 속에 담겨진 이야기를 중심으로 인터뷰를 했다.

그로부터 약 1년 반이 지난 2013년 6월에는 지금의 〈펑파이(澎
湃:당시 〈동방조보东方早报〉)〉와 인터뷰를 했는데, 당시 약 15만 명의
상하이시에 정식으로 등록된 외국인 근로자 가운데 4명의 분야별 대
표 인물로 선정되어, 전문가로서 상하이에서의 생활이 어떠한지, 가
정을 꾸려 생활하는 데에 어려움은 없는지 문화적 차이로 인한 곤혹
스러운 일은 없는지 등등 나의 생각을 교류했다.

다시 3년이 지난 시점 2016년에는 중국 상하이시리더십과학학
회가 개최한 회의에서, 나는 상해교통대 교수로서, 상해교통대 한국
연구센터 집행부주임으로서 그리고 상하이시리더십과학학회의 상
무이사 자격으로 상하이시 공무원 약 100여 명을 대상으로 '중국의
평화적 굴기와 군자의 리더십'에 관한 주제강연(keynote Speech)을 하
였다.

다시 3년이 지난 2019년에는, 베이징의 〈봉황TV〉에서 연락이
와서, 사전 인터뷰 및 몇 차례 핵심적 질문에 관한 의견을 교환 및 교
류를 진행한 후 시사토론 프로그램의 전문 패널로 정식 초청을 받고,
'하노이 회담 이후의 북미관계와 한반도의 미래'에 대하여 90분간
토론하였다.

그러다 2020년 1월 겨울방학으로 서울에 들어왔다가 생각하지

못했던 코로나19의 시작으로 한국에서 체류하는 시간이 길어졌다. 마침 존경하는 서울대아시아연구소 박수진 소장님의 따뜻한 관심과 지지로 약 3개월 이상의 방문학자 생활과 '특별강연'의 기회를 부여받고, 약 1년여 동안 〈차이나랩〉에 발표한 중국 관련 문장을 점검하며, 하나의 작품으로 엮겠다는 결심을 했다.

2021년 지금은 NRF한국연구재단 국제협력본부 베이징사무소 김준헌 대표님의 요청으로 '중국교육현대화2035'에 관한 연구를 진행 중에 있으며, 또 수년 전부터 존경하는 김윤권 박사님의 한결같은 따뜻한 관심과 지지에 힘입어 한국행정연구원(KIPA)과 또 한국여성정책연구원(KWDI) 오은진 박사님과의 소중한 인연과 만남 등을 통하여 중국연구과제에 관한 교류협력을 수행해왔다.

최근 중국에서는 〈핫이슈〉의 경우 클릭 뷰가 6억에 달하는 중국 내 최고의 전파 영향력을 가진 〈今日头条(오늘의 톱기사 : SNS 언론매체)〉에서도 연락이 와서 향후 교류협력의 활성을 위한 방안에 대해 토론하고 있다.

정말 운이 좋아 늘 감사하는 마음뿐이다.

중국 베이징에서 박사과정을 마치고, 상하이로 건너와 중국의 4대 명문인 상해교통대에서 교편을 잡고, 수업을 하고, 문장을 발표하면서 대외석으로 교류하는 일련의 모든 과정들 속에서 나는 한시도 감사한 마음을 잊지 않았다. 왜냐하면 그 과정 모두가 한 명의 학생이 교수가 되는 과정이었고, 전문가가 되는 과정이었으며, 또 학자가 되는 긴 여정의 시작이란 사실을 너무나 잘 알고 있기 때문이다. 그리고 그것은 주변의 동료들과 친구들의 따뜻한 관심과 지지가 없이는 결코 이룰 수도 또 유지할 수도 없다는 것을 너무나 잘 알고 있기 때문이다.

새로운 중국 친구들과 관계를 맺고, 교류하면서 정말 놀라지 않을 수 없던 일은, 친구들은 항상 나의 생각을 존중해줬고, 끝까지 경청해주려 했다는 것이었다. 조화롭지만 동일하지는 않은 '和而不同(화이부동)'이고, 동일하지는 않지만 조화로운 '不同而和(부동이화)'라는 사실은 결코 고전의 책 속에서만 잠자고 있는 오래된 경구가 아니라, 중국사회의 현실 속에서 생생하게 살아 숨 쉬는 문화였다.

'和而不同'에서 '而'의 의미는 언뜻 보기에, 그 상반되어 보이는 '和'와 '不同'의 '두 입장'을 단순히 불안한 동거의 형태로 잠시 연결해주는 접속어가 아니라, '신뢰'의 의미가 숨어 있다는 것이다. 그리고 서로가 진심으로 '신뢰'할 수 있을 때만이 진정으로 서로 입장이 다르면서도, 서로 기꺼운 마음으로 존중할 수 있으며, 조화로운 관계를 유지하며 발전시켜 갈 수 있다는 사실을 깨달았다.

그리고 마침내 알았다. 그 '신뢰'의 형성에는 한 사람을, 한 문화를, 한 국가를, 한 민족을 그리고 한 문명을 결코 쉽게 단정짓거나 속단하지 않고 오래 지켜보며, 그들을 나의 마음속으로 우리의 마음속으로 받아들이는 '인(忍)'의 시간이 필요하다는 것을. 그것이 '진실(眞實)'이 아닐까?

나는 성장하면서 줄곧 받아온 따뜻한 감사의 마음과 실제 경험적 현장에서 교류 협력을 통해 검증하면서 형성된 '신뢰'를 바탕으로, 한중관계의 우호적 협력과 이를 바탕으로 한반도의 평화와 번영의 길에 단 한 장의 벽돌이라도 올려놓는다는 간절한 마음을 다하여 공헌하고 싶다.

지난 역사적 아픔을 반추하며 숨어서 통렬한 '과거의 눈물'을 훔치는 것이 아니라, 미래 우리가 당당하게 만들어갈 새롭게 펼쳐질 감격의 무대를 떠올리면서, 그날의 주인공이 될 우리들 이야기를 써 내려가고자 한다. 오늘의 나에게 주어진 위치에서 최선을 다하여 '눈물의 씨앗'을 힘차게 뿌리고 싶다!

이국봉 올림

2021년 6월